Vorwort

Als Sir William Golding am 19. 06. 1993 im Alter von 81 Jahren starb, gingen die Verkaufszahlen von *Lord of the Flies* für kurze Zeit auffallend steil in die Höhe; weltbekannt war der 1954 erschienene Roman schon lange. Heute sind die Verkaufszahlen stetig; der Roman liegt auf den Tischen der Buchhandlungen zusammen mit anderen „Literatur-Klassikern" aus und findet weiterhin seine Leser. Es hat Golding nicht gestört, dass sein Buch zu einer nahezu unumgänglich gewordenen Schul-Lektüre geworden ist. Die Tatsache sollte andererseits nicht dazu verführen anzunehmen, dass der Roman nicht mehr als ein guter Beitrag für Schulregale ist, mit dem sich der Autor zufrieden gegeben hätte. Golding wollte mehr und erstrebte mit allem, was er danach noch schrieb, seine Erzählkunst zu verfeinern und Menschen überall auf der Welt, Jugendliche und Erwachsene, zum Nachdenken anzuregen. Doch hat keines seiner späteren Bücher (⇒ Kap. **1.1; 1.3**) den Erfolg seines ersten Romans übertreffen können. Im Jahre 1980 erschien mit *Äquatortaufe* ein thematisch sehr ähnlicher Roman, in dem eine Schiffsbesatzung ebenfalls in die Barbarei zurückfällt. Golding hatte sein Hauptthema, das der menschlichen Bosheit, das dem Guten keine Chance lässt, noch einmal variiert. William Goldings Roman *Herr der Fliegen* ist auf seine Weise einzigartig, ebenso wie der Autor selbst eine durchaus ungewöhnliche, wenn nicht sogar eine Ausnahmerolle in der englischen Literatur nach 1945 spielt.
Die Handlung ist einfach: Nach einem Flugzeugabsturz findet sich eine Gruppe englischer Jungen auf einer tropischen Insel wieder. Sie organisieren ihr Leben an dem fremden Ort zunächst einvernehmlich, haben zu essen und zu trinken, bau-

en Hütten und erhalten ein Feuer, um auf sich aufmerksam zu machen. Als sich die Gruppe zu spalten beginnt, entfesseln die Jungen einen regelrechten Krieg auf der Insel, in dem es mehrere Tote gibt. Auf dem Höhepunkt enthemmter Barbarei, als die Insel brennt und eine brutale Verfolgungsjagd beinahe weitere Opfer fordert, werden die Überlebenden von der Besatzung eines britischen Kreuzers entdeckt und von einem Marineoffizier an Bord gebracht.
Goldings Roman wird zum Genre der modernen Anti-Utopie (Dystopie) gerechnet.[1] Unter den zahlreichen Vorgänger-Beispielen aus dem Genre der literarischen Utopie, die Golding kannte und auf die er partiell zurückgriff, spielt das 1858 erschienene Jugendbuch *Die Koralleninsel* von Robert Michael Ballantyne (1825–1894) als direkte Quelle eine besondere Rolle, wobei Golding seinen Roman mit einer vollkommen anderen Zielsetzung schrieb. (⇒ Kap. **2.1**)

Herr der Fliegen – sieben zentrale Themen

Nach W. Meitke stellen wir in unserer Interpretation von Goldings Roman sieben zentrale Themen heraus, die sich auch in Ballantynes Roman erkennen lassen: *Zivilisationsbedürfnis und -verlust; Verlust der Unschuld; Verlust der Identität; einander asymmetrisch begegnende Kräftefelder; Angst; Gleichgültigkeit der Natur gegenüber der menschlichen Existenz; Sehend sein/Blind sein.*[2] In unseren Ausführungen, besonders im Interpretations-Kapitel (⇒ Kap. **2.7**), gehen wir mit ausgewählten Textausschnitten der Sekundärliteratur auf diese Themen ein.

---

1 Dystopie = Anti-Utopie des 20. Jahrhunderts; die berühmteste Dystopie ist George Orwells Roman *Nineteen Eighty-Four*. – Vgl. dazu KEM 108; ferner: Reiner Poppe, *Vision und Wirklichkeit in der literarischen Utopie*, Hollfeld 1980.

2 Meitke nennt als Themen: „1. The Need For Civilization – 2. Innocence And The Loss Of It – 3. The Loss Of Identity – 4. Power – 5. Fear Of The Unknown – 6. The Indifference Of Nature – 7. Blindness And Sight." – Vgl. M. Meitke, *Lord of the Flies* (Barron´s Book Notes), Stuttgart 1987, S. 18–20.

Unsere Themen- und Aufgabenvorschläge geben Gelegenheit, den Roman in relevanten Details noch einmal ‚aufzuarbeiten'. (⇒ Kap. **3**.) Dies kann jeder Lernende für sich tun. Die Anregungen sind aber auch für die konkrete Unterrichtsarbeit gedacht. Wir möchten die Aufmerksamkeit darin besonders auf Formen und Möglichkeiten kreativen Umgangs mit dem Text lenken. Die genannten Verfahren setzen ein genaues Lesen des Romans voraus.

Das Materialien-Kapitel dieser Erläuterungen erfasst den Gegenstandsbereich der literarischen Utopie. Es bietet dem Lernenden eine äußerst geraffte Übersicht zu den sog. *Robinsonaden*, einen grafischen Aufriss der *Strömungen innerhalb der literarischen Utopien* und eine differenzierende *Bestimmung der Möglichkeiten und Grenzen* dieses Genres (⇒ Kap. **5**.).

Textgrundlage ist Ausgabe des Fischer Taschenbuch Verlages: Golding, William: *Herr der Fliegen*. Frankfurt am Main [46]2001 (Fischer Taschenbuch 1462).

Die Seitenangaben von Textzitaten sind an der jeweiligen Stelle im Text aufgeführt, die Quellenangaben der verwendeten Sekundärliteratur befinden sich in den entsprechenden Fußnoten.

Wir wünschen dem Leser Freude beim Lesen und Erfolg bei der Arbeit.

Reiner Poppe

1. William Golding: Leben und Werk

1.1 Biografie

Jahr	Ort	Ereignis	Alter
1911	St. Columb Minor, Cornwall	William Golding wird am 19. September als Sohn von Alec und Miltred Golding geboren. Während seiner Kindheit entwickelt sich seine Leidenschaft für Ägypten, die zeitlebens anhalten wird.	
1930	Oxford	Golding besucht das Brasenose College.	19
1934		Veröffentlichung erster Gedichte (*Poems*).	23
1935		Akademischer Abschluss in Oxford. Schreibt, schauspielert und produziert für ein kleines Theater in London.	24
1939	Salisbury	Heiratet Ann Brookfield. Golding wird Lehrer an der Bishop Wordsworth's Schule. Er unterrichtet Englisch und griechische Literatur.	28
1940–45		Als einfacher Seemann tritt Golding in die Royal Navy ein. Wird später Offizier. Beschäftigt sich weiter mit der Schriftstellerei.	29–34

Jahr	Ort	Ereignis	Alter
1945	Salisbury	Geht an die Bishop Wordsworth's Schule zurück und unterrichtet dort Englisch und Philosophie. Hier bleibt er, bis er mit dem Roman *Lord of the Flies* erfolgreich wird, seinen Beruf aufgibt und sich ganz der Schreiberei widmet.	34
1954		Faber and Faber bringt ***Lord of the Flies*** heraus, nachdem der Roman von mehr als 20 Verlagen abgelehnt worden war.	43
1955		*The Inheritors* erscheint.	44
1956		*Pincher Martin* erscheint.	45
1958		Sein Schauspiel *The Brass Butterfly* wird in Oxford und London aufgeführt.	47
1959		*Free Fall* erscheint. Näher am traditionellen Roman als seine bisherigen Bücher, wird *Free Fall* von der Kritik nicht gut bewertet.	48
1961–62	Virginia/USA	Golding verbringt ein Jahr als „resident writer" am Hollins College/Virginia.	51
1963		*Lord of the Flies* wird verfilmt. Regie führt Peter Brook.	52
1964		*The Spire* erscheint.	53

Jahr	Ort	Ereignis	Alter
1966		Hohe Auszeichnung: Commander of the British Empire (C. B. E.).	55
1967		*The Pyramid* erscheint. W. G. plant eine Reise im eigenen Boot nach Griechenland. Das Boot kentert nach einer Kollision mit einem japanischen Schiff im englischen Kanal. Alle an Bord Befindlichen werden gerettet.	56
1971		*The Scorpion God* erscheint – Sammlung von drei Romanen, einschließlich des bereits erschienenen *Envoy Extraordinary*.	60
1976	Ägypten	Erste Reise nach Ägypten.	65
1979	England	Nach einer langen Pause erscheint der Roman *Darkness Visible*. Beginn einer neuen Schaffensperiode.	68
1980		*Rites of Passage* erscheint und gewinnt den „Booker Prize".	69
1983		William Golding erhält den Nobelpreis. Dies löst eine Welle von Kritiken aus, wie es bereits im Falle von John Steinbeck gewesen war, den er sehr verehrte.	72
1984	Ägypten	*The Paper Men* erscheint. Zweite Reise nach Ägypten.	73
1985		Veröffentlicht *An Egyptian Journal*. Ergebnis seiner Reise in einem kleinen Boot auf dem Nil.	74

Jahr	Ort	Ereignis	Alter
1988		W. G. wird in den Adelsstand erhoben.	77
1990		Neuverfilmung von *Lord of the Flies*.	79
1991		Erzählungen: *To the Ends of Earth*	80
1993	Falmouth/ Cornwall	William Golding stirbt am 19. Juni drei Monate vor seinem 82. Geburtstag.	81
1995	New York	*The Double Tongue* (Roman-Fragment)	

1.2 Zeitgeschichtlicher Hintergrund

Als 1954 William Goldings Roman *Herr der Fliegen* veröffentlicht wurde, lag das Ende des Zweiten Weltkrieges knapp zehn Jahre zurück (8. Mai 1945). Doch die am Krieg wesentlich beteiligten Nationen hatten sich noch nicht vollständig von den Zerstörungen erholt, auch nicht von den Verlusten an Menschen und Material. Großbritannien hatte zusammen mit den USA einen Großteil der Kriegskosten getragen. Die Welt begann sich neu zu ordnen, und das britische ‚Empire' sah sich erneut einem gewaltigen Veränderungsprozess ausgesetzt. Ereignisse von damals nicht absehbarer Tragweite, die Großbritannien direkt betrafen, waren dabei die Entlassung Indiens in die Unabhängigkeit[3] und die Teilung des britischen Mandatsgebiets im Nahen Osten in einen israelischen und einen palästinensischen Staat. Golding mag alte Fragen neu gestellt haben zur (abgelaufenen) Rolle des britischen Kolonialreichs und zu seiner Handlungsmoral, und es ist wahrscheinlich, dass sich Gedanken dazu in *Herr der Fliegen* niederschlugen.
Aber noch andere, in ihren Dimensionen weit beängstigendere politische Entwicklungen vollzogen sich in großem Tempo: die Schritte zur Teilung der Welt in einen westlichen und einen östlichen Machtblock unter der Bedrohung atomarer Weltvernichtung. Die USA (und mit ihnen die Westmächte) mussten 1949, vier Jahre nach dem Abwurf der amerikanischen Atombomben auf die japanischen Städte Hiroshima und

---

3 Erst nach Jahrzehnten andauernder Kämpfe mit den Briten wurde Indien die Unabhängigkeit zugesprochen. In einer der letzten politischen Maßnahmen teilte der zuletzt amtierende britische Vize-König Lord Mountbatton (1900–1979) das Land in einen hinduistischen und einen moslemischen Teil. Das führte 1947/48 zu schweren Übergriffen unter der Bevölkerung. Etwa 10 Millionen Menschen kamen bei den Auseinandersetzungen zwischen den Volksgruppen ums Leben. Der damalige Beschluss der UN-Generalversammlung verstimmte beide Seiten, die ihre Interessen übergangen sahen, und führte zu anhaltenden Krisen in der Region.

Nagasaki, zur Kenntnis nehmen, dass auch die Sowjetunion eigene Atombomben besaß. Dadurch hatten sich die Machtverhältnisse in der Welt dramatisch verschoben. Auf der politisch-militärischen Ebene war damit der eigentliche Beginn des sog. „Kalten Krieges" markiert, in dem sich die beiden „Supermächte" USA und UdSSR mit ihrem atomaren Abschreckungspotential auf schmalstem Grat gegenüberstanden. Die USA, Kanada und zehn westliche Staaten vereinigten sich daraufhin zur NATO („North Atlantic Treaty Organisation", gegr. am 4. April 1949), einem defensiven Militärbündnis, dem fünf Jahre später im sog. „Warschauer Pakt" ein gleichartiges östliches Militärbündnis folgte (1955).

„Kalter Krieg" und atomares Wettrüsten der Supermächte USA – UdSSR nach dem Ende des Zweiten Weltkrieges

Auf dem Höhepunkt des atomaren Wettrüstens zündeten die USA 1954 im Pazifik eine mehrstufige Atombombe von verheerender Vernichtungskraft. Über der Bundesrepublik Deutschland fand ein Jahr später ein groß angelegtes NATO-Manöver zum Ernstfall eines Atomschlags statt („Carte blanche"). Inzwischen besaßen die USA spaltbares Kernmaterial für ca. 50.000 A-Bomben, die UdSSR für 15.000. Im Jahr 1956 standen Atombomber der USA und der UdSSR zu Vergeltungsschlägen bereit, als sich die sog. „Suez-Krise" (Ägypten, Israel, Jordanien) zuspitzte, und Chruschtschow, nach dem Tod Stalins (5. März 1953) an der Spitze der Sowjetunion, mit militärischem Eingreifen, auch mit Aktionen gegen westliche Länder drohte.

Schreiben gegen Hass, Unvernunft und Gewalt

Zu diesem Zeitpunkt hatte William Golding seinen Roman schon geschrieben. Aber noch in seiner Nobelpreisrede (7. Dezember 1983) hat er die Hoffnung beschworen, die den Menschen erhalten bleiben sollte und sie davor bewahren möchte, sich selbst und den Planeten Erde zu zerstören. Auch das geschriebene Wort, wenn es dann gelesen und richtig verstanden werde, könne diese Hoffnung stärken:

„Then there is hope that we may learn to be temperate, provident, taking no more from nature's treasury than is our due. It may be by books, stories, poetry, lectures that we who have the ear of mankind can move a man a little nearer to the perilous safety of a warless and provident world [...] We need more humanity, more care, more love. There are those who expect a political system to produce that and others who expect the love to produce the system. My own faith is that the truth of the future lies between the two, and we shall behave humanly and a bit humanely, stumbling along, haphazardly generous and gallant, foolishly and meanly wise until the rape of our planet is seen to be the preposterous folly that it is. For we are a marvel of creation."[4]

4 William Golding, zitiert in: Dieter Smolka, *W. G., Lord of the Flies*, Frankfurt a.M. [2]1994, S. 206–207.

1.3 Angaben und Erläuterungen zu wesentlichen Werken[5]

William Golding wurde 1911 in Columb Minor, Cornwall, Südwestengland geboren. Er wuchs in einem kultivierten Elternhaus auf. Seine Eltern wollten aus ihm einen Naturwissenschaftler machen. Nach dem Besuch des Gymnasiums ging er auf die Universität Oxford, wandte sich aber unter dem Einfluss des dortigen literarischen Lebens dem Studium der Literatur zu. Sein Interesse galt insbesondere der angelsächsischen und altenglischen Literatur.
In seinem ersten Prosawerk, dem 1954 veröffentlichen Roman *Lord of the Flies* (dt. *Herr der Fliegen*), machte Golding den Dualismus von „gut" und „böse" im Menschen zum Thema, geleitet von den Erfahrungen der Stalin- und Hitlerepoche. Golding ging darin auch den Fragen um die Möglichkeiten einer echten Demokratie nach.[6]
Ein Jahr nach *Lord of the Flies* veröffentlichte er den Roman *The Inheritors* (dt. *Die Erben*), der von der langsamen Ausrottung der Neandertalerrasse durch einen höher entwickelten Volksstamm handelt. Angeregt zu diesem Werk wurde der Autor durch zahlreiche Ausgrabungen von Neandertalerskeletten in seiner südenglischen Heimat, und weil er seine Sonntagsspaziergänge nun auf den Pfaden unternahm, auf denen einst die Neandertaler herumgesprungen waren.
1956 folgte der Roman *Pincher Martin*, danach das einzige Bühnenstück *The Brass Butterfly* (dt. *Schmetterling aus Messing*). Mit Shaw'scher Ironie zeichnete Golding darin das Bild

5 Die erwähnten Titel geben Goldings schriftstellerisches Werk nicht vollständig wieder. In erster Linie, so ist zu erkennen, war Golding Romancier.

6 Die Herrschaftssysteme dieser beiden Diktatoren bildeten exakt das Gegenteil angelsächsischer Demokratieerfahrung und angelsächsischen Demokratieverständnisses ab. Golding hatte die historischen „Vorbilder" unmittelbar vor Augen.

eines Erfinders des 3. Jahrhunderts n. Chr., der ein Dampfschiff, einen Schnellkochtopf und eine Druckerpresse erfindet. Der ältliche römische Kaiser, der mehr am Erhalt des Friedens und am Glück seiner Untertanen interessiert ist als an technischen Erfindungen, die nur den Zusammenbruch seines an sich schon morschen Reiches beschleunigen, verbietet dem genialen Tüftler weitere Erfindungen. Nur der Schnellkochtopf findet in den Augen des alten Gourmets Gnade. Er sieht voraus, dass die Druckerpresse missbraucht werden wird. Sie wird zu polemischer Agitation, demagogischer Beeinflussung der Bevölkerung, politischer Indoktrination und anderem benutzt werden und Druckerzeugnisse über Druckerzeugnisse auswerfen. Neu erdachte und wirkungsvollere Waffen und Kriegsinstrumente weist der Kaiser ebenso zurück wie der Herr der Riesen in Swifts Satire *Gullivers Reisen*, der dem Helden versichert, dass derjenige, dem es gelingt, zwei Grashalme dort wachsen zu lassen, wo bisher nur ein Grashalm wuchs, mehr für die Menschheit tue als derjenige, welcher größere und bessere Kanonen baut. Für den Leser ist das Stück deswegen von Interesse, weil sich darin derselbe Zorn gegen Unvernunft, Gewaltanwendung und Vermassung entlädt wie im Roman *Herr der Fliegen*.
1959 veröffentlichte Golding den Roman *The Free Fall* (dt. *Freier Fall*), der das Thema von *Pincher Martin* wiederholt. Der vereinsamte und über sich selbst reflektierende Held des Buches verbringt sein Leben aber nicht wie Pincher Martin auf einer einsamen Felseninsel im Meer, sondern, in nicht geringerer Isolation, in einem Kriegsgefangenenlager. Der Roman schildert die Preisgabe des freien Willens eines Menschen, seine Resignation, die mehr durch eigene Schwäche als durch äußeren Druck hervorgerufen wird.

Goldings bedeutendstes Werk nach *Lord of the Flies*

Goldings bedeutendstes Werk seit *Lord of the Flies* ist der 1964 erschienene Roman *The Spire* (dt. *Der Turm der Kathedrale*). Er spielt im Mittelalter. Pfarrer Jocline will einer Vision zufolge seiner Kathedrale – gemeint ist die in Salisbury – einen hohen, spitzen Kirchturm hinzufügen, der, gleich einem Finger Gottes, zum Himmel weisen soll. Alles wird der Vollendung dieses Vorhabens untergeordnet. Er übersieht dabei das nachlässige Verhalten der Arbeiter, gibt vor zu glauben, dass der alte Küster davongelaufen sei, obwohl er genau weiß, dass er ermordet und von dem abergläubischen Steinmetz eingemauert worden ist – ein mittelalterliches Ritual, demzufolge etwas Lebendiges geopfert und in einen Bau eingefügt werden muss, damit er allen Bedrohungen standhält. Der Baumeister selbst will seinen Auftrag zurückgeben und das Bauvorhaben einer jungen, verheirateten Frau wegen abbrechen. Jocline weiß, dass der Baumeister unersetzbar ist und zwingt ihn zu bleiben. Die junge Frau stirbt im Kindbett, und alle Schuld scheint Jocline zu treffen. Er scheut sich nicht, ungutes Geld für sein Vorhaben des Turmbaus anzunehmen, während er zugleich den Geber dieses Geldes verurteilt und als Sünder mit Buße belegt. Jocline stirbt aus Verzweiflung über die widrigen Umstände, die sich dem Turmbau entgegenstellen. Nichtsdestoweniger wird der Turm errichtet, doch weiß man, dass die Fundamente nicht fest genug gegründet sind, so dass man einen Zusammensturz befürchten muss. Joclines Vision kam nicht vom Himmel, sein Plan war ein Ausdruck seines Stolzes, seiner Überheblichkeit und seines Hochmuts. Die Anklänge an die biblische Erzählung vom Bau des Turmes zu Babel, der zum Himmel reichen und die Menschen gottgleich machen sollte, sind nicht zu überhören.

1967 erschien Goldings Roman *The Pyramid* (dt. *Die Pyramide*), der die Klassenunterschiede verschiedener Gesellschaftsschichten schildert und – wie in anderen Romanen – die Selbstbewusstheit und Eigennützigkeit eines Mannes herausstellt, der seine erfolgreiche Managerlaufbahn rücksichtslos auf die Schwäche einer ihm hörigen Frau aufbaut und sie gewissenlos als Mittel zum Zweck benutzt. Die Lehre, die Goldings Roman *The Pyramid* uns erteilt, ist die Erkenntnis, dass die Menschen nicht nur Gefangene ihrer eigenen Klasse, Altersgruppe oder Konventionen sind, sondern dass sie diese Einengungen auch gern als schützende Wälle betrachten, die sie so sehr oder noch mehr schützen als die Wälle eines Gefängnisses. Der Autor behauptet, dass selbst in dem Zeitalter der Raumfahrt und der Atomphysik der Mensch moralisch und intellektuell in seiner Handlungsfreiheit beschränkt sei und dass er mehr denn je die Bitte des Vaterunsers äußern müsse: „Und führe uns nicht in Versuchung."
Eine 1965 veröffentlichte Essaysammlung trägt den Titel *The Hot Gates*, Selbstbekenntnisse und autobiografische Notizen des Autors.
1972 folgte der Roman *Oliver*.
In den 80er Jahren reiste Golding viel, im Boot auf den holländischen Kanälen, auf der Nord- und Ostsee. In den 70er Jahren veröffentlichte er wenig. Erst Ende des Jahrzehnts überraschte er die Welt wieder mit so wichtigen Büchern wie *Darkness Visible* (1979), *Rites of Passage* (1980), *The Paper Men* (1984). Die Auszeichnung mit dem Nobelpreis 1983 kam für viele dennoch überraschend, wurde Golding trotz seiner Erfolge doch eher in die Kategorie der „minor authors" gesteckt, jener Autoren also, die zwar interessant und unterhaltsam, jedoch keine „Weltliteratur" schreiben. Immerhin gab diese höchste literarische Auszeichnung, die einem Autor zugespro-

chen werden kann, all jenen Recht, die in seinem Werk schon immer mehr als nur aufgeblähten Vitalismus gesehen hatten, mehr als nur sich selbst wichtig nehmende Unterhaltung. 1985 legte Golding den Ertrag einer lange geplanten Ägypten-Reise in seinem *Egyptian Journal* nieder.

Nobelpreis und weitere hohe Auszeichnungen, darunter:
1965 Commander, Order of the British Empire.
Ehrendoktorhüte verschiedener Universitäten (Oxford, Sorbonne u. a.)
1988: Adelstitel „Sir"

Will man in gedrängter Form verdeutlichen, was Golding zur Schärfung seines Welt- und Menschenbildes inspirierte, so müsste man in engster Zusammengehörigkeit Ägypten, das klassische (griechische) Altertum, die Kathedralen seines Landes und die anderer Länder nennen, die zu den Ursprüngen des Menschseins führen, ferner eine Reihe von Schriftstellern, die sein Schreiben, seine Philosophie und seine Ästhetik entschieden geprägt haben: Tennyson, Dickens, T. S. Eliot, Steinbeck.[7]

Der hier zur Diskussion stehende Roman ist mehr als nur eine spannende Utopie, auch mehr als nur intellektuelle Spielerei mit den (Un-)Möglichkeiten des Lebens und der menschlichen Existenz.

---

7 Auffallend ist, dass Golding seinen amerikanischen Schriftsteller-Kollegen John Steinbeck, ebenfalls Nobelpreisträger, sehr schätzte, der von der Kritik und Literaturgeschichte auch eher den „minor authors" zugerechnet wird. – Vgl. dazu auch den Band 350 der *Königs Erläuterungen und Materialien.*

2. Textanalyse und -interpretation

2.1 Entstehung und Quellen

Als William Golding seinen Roman *Herr der Fliegen* zur Veröffentlichung anbot, wurde er von mehr als 20 Verlagen abgelehnt. Der Autor, bis dahin namenlos und bereits im fünften Lebensjahrzehnt stehend, passte nicht in die Denkmuster einer fortschrittsbewussten Zeit. Es ist kaum anzunehmen, dass die Verlagslektoren die literarische Qualität des Romans, die Schreibkunst William Goldings nicht erkannt haben. Der Roman erschien 1954 bei Faber & Faber (London), und wenig später war er in Deutschland, Frankreich, Italien und in den USA bekannt. William Golding war zu diesem Zeitpunkt bereits wieder in seinem Beruf als Lehrer tätig.
Die Idee, ein Buch über Kinder zu schreiben, äußerte er erstmals gegenüber seiner Frau in einer Abendstunde zu Hause. Er wusste genug über Kinder, um glaubhaft über sie zu schreiben. Aber auch die düsteren Erfahrungen aus dem Zweiten Weltkrieg wirkten in ihm nach. Er befreite sich mit dem Roman von seinen Erlebnissen aus dem Einsatz an unterschiedlichsten Kriegsschauplätzen der Welt.
Golding war 1940 zur Royal Navy gekommen und wurde Offizier. Vorübergehend in einem geheimen Forschungsprojekt tätig, in dessen Verlauf er sich verletzte, wurde er als Minen-Spezialist nach Schottland und später nach New York versetzt. Die Versenkung der „Bismarck", des legendären deutschen Schlachtschiffes (1941), und die Invasion der Alliierten (1944) gehörten zu seinen traumatischen Kriegserfahrungen. Er verurteilte die Kriegsgräuel, am schärfsten die Kriegsverbrechen der Nazis, aber auch die der Alliierten, die vor der Öffentlich-

keit totgeschwiegen wurden. Nach dem Krieg erklärte Golding seinen Standpunkt in vielen Interviews und Vorträgen. Noch zwanzig Jahre später wurde er nicht müde, sein bitteres Urteil über die Entmenschlichung jener Zeit zu formulieren und die Wahl des Themas für seinen Roman zu begründen, der die Selbstzufriedenheit der Sieger nach der Zerstörung Nazi-Deutschlands zutiefst erschüttert hatte:

> *„The theme is an attempt to trace the defects of society back to the defects of human nature. Before the war most Europeans believed that man could be perfected by perfecting his society. We all saw a hell of a lot in the war that can' t be accounted for except on the basis of original evil."*[8]

Unter dem Einfluss griechischer Mythologie und Geschichte fand Golding noch während des Krieges zu seinem keineswegs nur pessimistischen Welt- und Menschenbild, das er in seinen nachfolgenden Werken weiter elaborierte.
Goldings Roman *Herr der Fliegen* steht am Ende einer langen Liste literarischer Utopien und setzt die modernen Dystopien unseres Jahrhunderts, *Schöne neue Welt* (Huxley) und *1984* (Orwell), eindringlich und höchst eigenwillig fort.(⇒ **2.3; 5.**) Im Kreis der im selben Zeitraum erschienenen bekannten Werke von Kingsley Amis (*Lucky Jim*, 1954), William Gladis (*The Recognition*, 1955), Samuel Beckett (*Molloy*, 1955), J. R. R. Tolkien (*Der Herr der Ringe*, 1955) oder Vladimir Nabokov (*Lolita*, 1955) nimmt sich seine problematisierende und unzeitgemäße Insel-Utopie tatsächlich fremd und ‚verspätet' aus. Das erklärt ihre Sonderstellung in der modernen angelsächsischen Literatur. Leicht hat man sich hingegen mit der Aufarbeitung der authentischsten Quelle Goldings getan, mit Robert Michael Ballantynes Roman *Die Koralleninsel* (1857/

8 William Golding, in: Frederick Jackson, *Lord of the Flies*, Toronto 1976, S. 94 (Coles Notes).

58), zu der er sich auch stets ohne Umschweife bekannte. War sie auch nicht die einzige Vorgabe mit einem Insel-Motiv, auf die Golding für seinen Roman zurückgreifen konnte, wurde sie ihm die wichtigste, denn Ballantyne stellte in seinem Roman das positive Zivilisationsbild dar, an das Golding nicht mehr glauben konnte. *Die Koralleninsel* ist heute ein klassisches Jugendbuch, das in seiner unbekümmerten Frische auch Erwachsenen ein herrliches Lesevergnügen bereiten kann: Die Jungen in Ballantynes Roman, alle einige Jahre älter als Goldings auf die Tropen-Insel verschlagenen Überlebenden des Flugzeugabsturzes, sind samt und sonders gebildete junge Engländer. Tapfer gehen sie in der Art gut erzogener Erwachsener die sich ihnen stellenden Gefahren und Aufgaben an. Die von ihnen aufgebaute Gesellschaftsordnung ist das Abbild ihrer eigenen. William Goldings Roman stellt sich als eine „parodistische Verkehrung der christlich-imperialen These R. M. Ballantynes" dar, und er wird als ein warnendes Beispiel verstanden für die Gefahren in einer Gesellschaft, „die der Irrationalität zu großen Spielraum lässt."[9]

spannende Utopie und ernste Mahnung an die Menschheit

9 Vgl. Wolfgang Karrer/Eberhard Kreutzer, *Daten der englischen und amerikanischen Literatur von 1890 bis zur Gegenwart*, München 1973, S. 212.

2.2 Inhaltsangabe

Herr der Fliegen / Lord of the Flies
Abriss des Inhalts (Kapitel I–XII)[10]

I.
Der Ruf des Muschelhorns

Eine Gruppe englischer Schuljungen wird infolge eines Flugzeugunfalls auf ein Korallenriff im Pazifik verschlagen. Alle Erwachsenen sind bei dem Unfall ums Leben gekommen, und so sind die Halbwüchsigen auf der völlig unbewohnten Insel auf sich selbst gestellt.
Zunächst treffen in dem wirren, undurchdringlichen Dschungeldickicht ein großer blondhaariger und ein kleiner dicker Junge zusammen. Der Blondhaarige, Ralph mit Namen, war

> *„zwölf Jahre und einige Monate […] alt, und er hatte nicht mehr den vorgewölbten Bauch eines Kindes, aber auch noch nicht die linkische Haltung des Jünglings. Seine breiten, kräftigen Schultern hätten die eines künftigen Boxers sein können, aber seine Augen, ein Zug um seinen Mund, sprachen von Empfindsamkeit, die der brutalen Gewalt abhold war."* (S. 11)

Der kleine Dicke dagegen, unbeholfen und asthmatisch, durch stark vorgewölbte Brillengläser schauend, bekennt, dass man ihn in der Schule Piggy, Schweinchen, gerufen hat, was Ralph zu einem Lachausbruch veranlasst.
Im farnigen Tang der Lagune finden sie eine große Muschel. Ralph bläst die Muschel, der ein dröhnender Ton, dann ein schrilles Schmettern entfährt, das man meilenweit hören kann. Und schon nähert sich, vom Ruf des Muschelhorns an-

10 Seitenzahlen nach der Fischer-Taschenbuchausgabe, Frankfurt a. M. 2001.

gelockt, ein stämmiger, blondhaariger Junge von ungefähr sechs Jahren, Johnny mit Namen. Kurz darauf erscheinen drei kleine Jungen aus dem Wald, nicht älter als Johnny, und ein kleiner Dunkelhaariger.

Und wieder nähern sich zwei Gestalten, Zwillinge, wie sich herausstellt, Sam und Eric mit Namen.

Dann aber erscheint eine ganze Gruppe von Jungen mit gleichen schwarzen Mützen und Mänteln, „die in Zweierreihen, mühsam Gleichschritt haltend, heranmarschierte". (S. 22)

Die uniformierte Überlegenheit und die Autorität des Anführers der Bemäntelten schüchtern Ralph und Piggy ein. Der Anführer gibt sich als Jack Merridew zu erkennen, auch die Namen der anderen werden festgestellt: Maurice, Bill, Robert, Henry, Roger und Simon. Ralph schlägt vor, einen Anführer für alle zu wählen. Jack erhebt Anspruch auf diesen Posten, aber eine Abstimmung ergibt eine Mehrheit für Ralph, der somit Anführer wird, was Jack mit Unmut zur Kenntnis nimmt. Jack erklärt, dass seine Gruppe als Jäger fungieren will. Dann zieht er mit Ralph und Simon aus, um die Insel näher zu erkunden. Sie geraten auf einen Berggipfel, von dem aus sie erkennen, dass sie sich tatsächlich auf einer Insel, einem Korallenriff befinden. Jack, der einen Dolch bei sich hat, versäumt es, ein Ferkel zu töten, das sich in dem Schlingenteppich verfangen hat.

Dann kehren sie zum Versammlungsplatz zurück.

II.
Feuer auf dem Berg

Ralph, Jack und Simon berichten den am Versammlungsplatz Zurückgebliebenen von ihren Erkundungen.
Vorschriften werden erlassen. Wer das Muschelhorn in der Hand hat, darf reden. Furcht und Begeisterung gehen durcheinander.
Mit Hilfe von Piggys Brille als Brennglas entzündet man oben auf dem Berg ein Feuer, das weit um sich greift, aber keinen Rauch entwickelt. Alle rennen durcheinander, jeder kommandiert, keiner kann das Feuer richtig unterhalten.
Piggy, das Muschelhorn in der Hand, schlägt vor, zunächst Schutzhütten zu bauen. Überrascht stellt man fest, dass einige der Kleinen fehlen. Unsicherheit breitet sich aus.

III.
Hütten am Strand

Während Jack sich auf Ferkeljagd begibt, versuchen Ralph und Simon notdürftige Unterkünfte aus Palmstämmen und Blättern zu errichten. Sie beschweren sich darüber, dass sie ganz alleine arbeiten müssen, alle anderen verdrücken sich, baden, essen oder spielen. Als Jack auftaucht, bittet Ralph um seine Mithilfe. „Seine Aufforderung hätte beiläufig klingen können, wäre nicht der Unterton gewesen." (S. 58) Die Kontroverse bricht auf.

IV.
Bemalte Gesichter und langes Haar

Während Jack und seine Jäger ihre Gesichter mit einem Tarnanstrich versehen und dann auf die Jagd gehen, mit ihren dichten Mähnen wie Furcht erweckende Fremdlinge aussehend, bemerken die Zurückgebliebenen, Ralph, Piggy und Simon, in höchster Erregung Rauch von einem Schiff an der straffen Linie des Horizonts.
Voller Verzweiflung erstürmt Ralph die Spitze des Berges, während Piggy und Simon ihm langsam folgen. Ober angekommen, entdecken sie das Furchtbare: Das Feuer ist ausgegangen.
In diesem Augenblick taucht eine seltsame Prozession tief unten zwischen den Geröllhalden am Uferrand auf: Es sind Jäger mit einem toten Schwein unter der Anführung des großen rothaarigen Jungen Jack.
Jack berichtet stolz, dass sie das Schwein umzingelt und getötet hätten. Er verteidigt sich gegen die Vorwürfe Ralphs, das Feuer vernachlässigt zu haben, da er die Wächter mit auf die Jagd genommen hat.
Als Piggy sich einmischt und Ralphs Partei ergreift, schlägt Jack ihn zu Boden; dabei zerbricht ein Glas von Piggys Brille, so dass er nur noch auf einem Auge sehen kann. Obwohl Jack sich überwindet und um Verzeihung bittet, obwohl das Schwein mühsam gebraten und das noch halbrohe Fleisch an die Hungrigen verteilt wird, schwelen Zorn und Hass über der Gemeinschaft der Jungen. Nur der Hunger führt sie wieder zusammen. Jacks Bericht von dem Fang und dem Abstechen des Schweines löst eine Ekstase aus. Ein Junge, Maurice, stellt das Schwein dar, rennt quiekend in die Mitte der Jäger, die so tun, als schlügen sie auf ihn ein, wobei sie singen: „Stecht das Schwein! Macht es tot! Kurz und klein!" (S. 84) Angewidert

wendet Ralph sich ab und erklärt, unten auf der Plattform eine Versammlung einberufen zu wollen.

V.
Tier aus dem Wasser

Dann detailliert Ralph seine Vorwürfe und Anordnungen:[11]

1. Niemand soll aus dem Fluss Wasser trinken, sondern aus den mit Wasser aus dem Fluss gefüllten Kokosschalen. Es sei versäumt worden, die Kokosschalen mit Wasser zu füllen. (S. 90)
2. Die Hütten sind nur von wenigen erbaut worden. Aber alle schlafen darin. Deshalb müssen sie instand gehalten werden. Die Hütten werden gebraucht.
3. Niemand solle seine Bedürfnisse überall und irgendwo verrichten. Das sei eine Schweinerei. Der Ort für die Toilette sei der Felsen über dem Tümpel drüben, weil die Flut dort alles sauber mache.
4. Das Feuer oben auf dem Berg sei das Wichtigste. Sie könnten alle nicht gerettet werden, wenn sie nicht das Feuer unterhielten. Das Feuer dürfe nicht ausgehen, es sei wichtiger als die Jagd, wichtiger als Essen.
5. Es solle nur noch auf dem Berg Feuer gemacht werden und nicht anderswo, um jede Verzettelung zu vermeiden.
6. Vor allem gelte es, das Gefühl der Angst zu verbannen. Es gäbe weder Gespenster noch wilde Tiere auf der Insel. Alle derartigen Gedanken seien abwegig und ausgesprochener Quatsch. Es seien höchstens Albträume und weiter nichts. Man solle auch keine Gräuelmärchen aufbringen und alle dadurch verunsichern und verängstigen.

---

11 Mit diesen klaren Vorgaben erscheint Ralph auf den ersten Blick durchaus „autoritär". Seine Vorstellungen von dem, was sein müsste, haben aber das Wohl jedes Einzelnen in der Gemeinschaft zum Ziel, und er kämpft um ihr Verständnis. Darin unterscheidet er sich grundlegend von seinem Antipoden Jack.

Aber die Angst, besonders der Kleinen, lässt sich nicht unterdrücken. Ein Kleiner namens Phil behauptet, in der Nacht außerhalb der Hütte gewesen zu sein und etwas Großes, Schreckliches gesehen zu haben. Ein anderer Kleiner, Percival mit Namen, behauptet mit tränenerstickter Stimme, dass ein wildes Tier aus dem Meer käme.
Simon, das Muschelhorn in der Hand, spricht den Gedanken aus, dass es vielleicht doch ein wildes Tier gäbe, dass sie vielleicht selbst dieses wilde Tier seien.
Seine Worte gehen jedoch im allgemeinen Geschrei unter, zumal jetzt plötzlich die Rede auf Geister kommt. Verzweifelt versucht Ralph die sich in Auflösung befindliche und wie vom Winde geschüttelte Versammlung zur Ordnung zu rufen und an die ursprünglich gefassten Bestimmungen zu erinnern. Als auch Jack Ralph angreift und erklärt, auf die Bestimmungen zu pfeifen (S. 103), löst sich die Versammlung völlig auf.
Piggy, Ralph und Simon bleiben zurück und sehen düster in die Zukunft.

VI.
Tier aus der Luft

Als Erstes bemerken die zur Bewachung des Feuers bestellten Zwillinge Sam und Eric die an dem Fallschirm hängende Gestalt, das „Tier", wie es fortan genannt wird. „Sie packten einander am Arm – vier starre Augen und zwei weit aufgerissene Münder." (S. 111) Dann stürzen sie voller Entsetzen über die Felsen den Berg hinab.
Im Lager berichten sie von ihrem Erlebnis, erwecken Neugier, Angst und – bei den Jägern – Jagdlust. Zwischen Ralph und Jack brechen wieder Gegensätze auf. Die Krise schwelt. Ralph

denkt an das Feuer, will auf den Berg, um nachzusehen, was los ist; Jack denkt nur an die Jagd und die Befriedigung seiner Gelüste.

VII.
Schatten und hohe Bäume

Eine Eberjagd findet statt, an der sich Ralph beteiligt. Er empfindet sogar einen gewissen Jägerstolz, weil es ihm gelingt, den flüchtigen Eber mit seinem Speer zu treffen und zu verwunden. Aber der Eber entkommt, und man übt das Spiel des Schweinestechens ekstatisch an einem der Jungen, an Robert. (S. 130) Die rauschhafte Grausamkeit der Jungen offenbart sich in diesem makaberen Spiel. Jack will das Tier oben auf dem Berg totschlagen, aber niemand traut sich, den Weg zum Gipfel anzutreten. Immer wieder lähmt die Angst jede Entschlusskraft. Schließlich entschließen sich Ralph, Jack und Roger, den Berg zu erklimmen und nach dem Untier zu fahnden.
Sie kriechen durch den Dschungel, dann klettern sie den Berg hinauf, bis die Angst sie lähmt:

> *„Vor ihnen saß etwas, das wie ein großer Affe aussah, und schlief mit dem Kopf zwischen den Knien. Dann brauste der Wind im Wald, es lärmte im Dunkel, und das Untier hob den Kopf und streckte ihnen ein zerstörtes Gesicht entgegen."* (S. 140)

Fluchtartig und voller Entsetzen stürzen sie halsbrecherisch den Steilhang hinunter zum Strand und zu den auf der Plattform Wartenden.

VIII.
Herr der Fliegen

Jetzt geben auch Jack und Ralph zu, dass sie das Tier gesehen haben; Ralph beklagt, dass man nun kein Feuer auf dem Berg mehr machen könne. Jack behauptet, das Tier gehe jagen und man müsse es töten.
Er spricht Ralph die Fähigkeit ab, Anführer zu sein, will eine Abstimmung gegen ihn erzwingen. Als er scheitert, sagt er sich von Ralphs Gruppe los. Die Debatte der Anhänger Ralphs kreist nun ständig um die Frage, was man jetzt tun solle. Man beschließt zunächst, das Feuer nach unten zwischen den Tümpel und die Plattform zu verlegen, damit man nicht mit dem Tier im Berührung komme. Man bemerkt die Abwesenheit Simons und vermutet, dass er auf den Berg gegangen ist.
Jack ernennt sich als Anführer seiner Jäger, entdeckt eine Schweineherde im Wald und bestimmt ein großes Mutterschwein als Ziel der Jagd. Der Rausch des Tötens ergreift die Jäger: Roger sticht immerzu mit seinem Speer in das Schwein hinein. Jack schwingt sich auf den Rücken des Schweins und rammt sein Messer in das Fleisch, bis ihm das warme Blut über die Hände sprudelt. (S. 153 f.) Er nimmt das Schwein aus; dann schneidet er ihm den Kopf ab, spießt den tropfenden Schweinekopf auf einen Stock, den sie in den Spalt stoßen, so dass der Kopf weithin sichtbar über dem Boden schwebt: eine Opfergabe für das wilde Tier. Dann rennen sie alle so schnell sie können davon.
Während Ralph und Piggy das neu entfachte Feuer auf der Plattform bewachen und nähren, stürzen plötzlich dämonische Gestalten mit weißen und roten und grünen Gesichtern auf sie zu: Jacks Jäger, die das Feuer rauben wollen, um das erbeutete Schwein zu braten. Jack lädt alle zum Mitessen ein, und tatsächlich treibt der Hunger und die Gier nach gebratenem Fleisch alle, auch Ralph und Piggy, zu Jacks „Fest".

Auf seinem Weg zum Berggipfel trifft Simon auf den auf einem Stock aufgespießten Schweinskopf, über dem mit giftigem Summen eine Wolke von Fliegen schwebt. (S. 156)

IX.
Tier, Tanz und Tod

Simon ist der Erste, der das Geheimnis des unheimlichen Tieres auf der Kuppe des Berges zu ergründen versucht und auch tatsächlich erkundet. Oben angekommen, sieht er, wie sich ein unförmiges Ding, vom Wald hochgehoben, plötzlich auf dem Gipfel hochreckt und auf ihn herabblickt. Simon nimmt seinen ganzen Mut zusammen, kriecht an das Ding heran und begreift.
Simon möchte sobald als möglich allen anderen, die drunten im Lager versammelt sind, Mitteilung davon machen, dass das Tier harmlos und grauenhaft ist: ein mit dem Fallschirm abgestürzter und verwesender Pilot. Er stürzt den Berg hinab und mitten in das auf der Plattform stattfindende „Fest" hinein, bei dem das erlegte Schwein verzehrt wird. Während Simon das Geheimnis entdeckt, spielt sich Jack mächtig auf, fordert die Jungen auf, in seinen Stamm einzutreten, steht speerschwingend vor dem am Spieß bratenden Schwein und lässt großzügig an alle Fleisch verteilen. Wieder branden zwischen Ralph und Jack Feindseligkeiten auf. Ein aufziehendes mächtiges Gewitter mit zuckenden Blitzen und kaum zu ertragenden Donnerschlägen bringt Unruhe in die Versammlung. Die Kleinen beginnen schreiend durcheinander zu rennen, aber in höchster Ekstase und im Rausch seiner Macht ruft Jack seine Jäger zum Tanz auf. Simon wird, als er, vom Berg zurück, dort erscheint, das Opfer ihres Wahnsinns (S. 172 f.).

X.
Die Muschel und die Brille

Im Blutrausch ihres Spiels ist Simon von den Jungen getötet worden, als er ihnen die Nachricht von der Harmlosigkeit des auf dem Berggipfel entdeckten „Untiers" bringen wollte. Erregung und Abscheu kennzeichnen das Gespräch zwischen Ralph und seinem Berater Piggy, der – da ja nun nicht mehr zu helfen ist – das Ganze als Unfall hinstellen will. (S. 177) Bei den Jägern wird die Situation immer grausamer. Sie stellen Wachen auf, die jeden Ankömmling anrufen und keinen mehr durchlassen, ein Junge namens Wilfred wird von dem „Häuptling" Jack geschlagen, er lässt ihn fesseln; zugleich entwickelt sich Roger in Jacks Bande zu einem ausgesprochenen Folterknecht und genießt die Möglichkeiten willkürlicher Machtausübung.
Ein hasserfüllter Überfall der Jägerbande auf Ralph, Piggy und die Zwillinge Sam und Eric zeigt, dass es keine Verständigung mehr zwischen den Gruppen gibt. Die Überfallenen werden blutig geschlagen, Eric wird verletzt und Piggy verliert seine bereits zerbrochene Brille, die von Jack entwendet wird. Das Schlimmste aber ist, dass die Jägerbande den vier Jungen das Feuer gestohlen hat. Die Muschel haben sie nicht mitgenommen (S. 190).

XI.
Die Felsenburg

Ralph ergreift die Muschel, die ihm, wie er noch glaubt, Redefreiheit und Befehlsgewalt garantiert, will sich ins Lager der Jäger begeben und Jack die Brille wieder abnehmen. Piggy will ihn begleiten, auch die Zwillinge schließen sich ihm an.

Vor der Felsenburg der Jäger angelangt, wird die Gruppe von Roger gestellt.
Von grün und schwarz bemalten Jägern begleitet, tritt Jack Ralph entgegen. Ralph fordert das Feuer und die Brille zurück, nennt Jack einen Dieb und seine Handlung eine Gemeinheit.
Zwischen den beiden Jungen kommt es zu einer scharfen Auseinandersetzung, in deren Verlauf die Zwillinge von Jacks Jägern gepackt und gefesselt werden. Dadurch wird Ralphs Zorn noch mehr gesteigert.
Zwischen den beiden Jungen beginnt eine wilde Schlägerei. Da plötzlich löst Roger von oben her einen Felsen, in der Absicht Ralph zu treffen und zu zermalmen. Während dieser sich aber retten kann, trifft der herabsausende Felsblock den neben ihm stehenden Piggy, der gerade das Muschelhorn in der Hand hält. Beide zerschellen in der Tiefe (S. 204).
Während die Zwillinge Sam und Eric mit Speerstichen verletzt und gefoltert werden, fliegen Speere, von Jack und den seinen geschleudert, Ralph entgegen und verwunden ihn. Unkenntliche Teufelfratzen beginnen speerschwingend gegen ihn vorzurücken. In panischer Angst wendet er sich zur Flucht.

XII.
Der Kriegsschrei der Jäger

Schwer verletzt verkriecht sich Ralph in ein Dickicht, blutend, durstig, hungrig und voll tiefster Verzweiflung.
Müde und vor Schmerzen stöhnend liegt er im Gebüsch. Er darf nicht in den Schlaf sinken, denn er muss auf der Hut sein vor dem Stamm, der ihn verfolgen wird. In der Ferne hört er die Jäger ihren Reigen tanzen.

Er bemerkt die Zwillinge, die jetzt gezwungenermaßen zum Stamm gehören und die Felsenburg vor ihm, dem Verfemten, bewachen sollen. Ralph schleicht sich an sie heran. Sie stecken ihm ein Stück Fleisch zu. Auf seine Frage, was man mit ihm vorhabe, sagen sie, Roger habe einen Stock an beiden Enden zugespitzt.
Ralph kann sich dies nicht erklären, er weiß nicht, was Roger damit will; aber so viel weiß er, dass ihm eine furchtbare Gefahr droht.
Er sagt den Zwillingen, wo er sich aufhält, versteckt sich wieder im Farn, wird kurz darauf aber gewahr, dass man sie erpressen will. Man hat den Kontakt zu Ralph belauscht, nun sollen sie sein Versteck verraten. Durch Folterungen bringt man sie zum Reden. Man weiß also, wo Ralph sich aufhält, und beginnt die Jagd auf ihn. Er wird wie ein flüchtiges Wild gejagt, wie eins der Inselschweine, die getrieben werden, bis man sie ersticht.
Zunächst löst man wieder einen Felsen, der das Buschwerk, in dem Ralph sich versteckt hält, niederwalzen soll (S. 218 f.).
Aber Ralph ist nichts passiert, und nun setzt die letzte Jagd ein, die ihm den Tod bringen soll. Er wird erbarmungslos gehetzt und getrieben. Man legt sogar ein Feuer in das Gehölz; in dem trockenen Buschwerk frisst es sich rasend schnell weiter. Rauch umwallt ihn, kaum weiß er noch, wohin er sich wenden soll. Buchstäblich in letzter Sekunde, als die Jagdmeute ihn doch noch stellt, kommt die für alle unfassbare Rettung. Die Besatzung eines englischen Kreuzers ist aufmerksam geworden. Ein weiteres Gemetzel wird verhindert.
Allen kommt nun angesichts der Gegenwart der Erwachsenen zum Bewusstsein, was sie verschuldet haben.

2.3 Aufbau

Die Handlung des Romans entwickelt sich über zwölf Kapitel. Ort des wechselhaften Geschehens ist eine tropische (Fantasie-)Insel, etwa in der „Form eines Bootes." (S. 33) Ihre Dschungellandschaft und „die Festung", ein aufragender Felsen auf einer zweiten, unmittelbar angrenzenden Insel, werden zu den entscheidenden Handlungsorten, der Berg, auf dem der tote Fallschirmflieger gefunden wird, und die Lichtung, auf der die Jungen den Schweinekopf aufspießen, zu den symbolträchtigsten Orten des Romans.

Der Roman beginnt ziemlich unvermittelt nach einem zeitlich nicht näher bestimmten Flugzeugabsturz und endet ebenso unvermittelt mit dem Auftauchen eines Marineoffiziers. Im Strudel der Ereignisse und der Verwilderung haben die handelnden Personen (Jungen) jedes Zeitgefühl verloren, und so hält der Roman auch keine genaueren zeitlichen Orientierungsmarken bereit.

Vom ersten Kapitel bis zum Ende des zwölften Kapitels steigt die Spannungskurve kontinuierlich an. Ebenso kontinuierlich versinken dabei Recht, Ordnung und Moral auf der von den Jungen beherrschten Insel. Während die Gewalt und die Pervertierung dabei wellenförmig ansteigen, fällt das Bild menschlicher Zivilisiertheit kataraktartig in sich zusammen.

Die zwölf Kapitel sind einander paarweise zugeordnet. Dabei korrespondieren die Kapitel 1 und 12, 2 und 11, 3 und 10, 4 und 9, 5 und 8 sowie 6 und 7 miteinander. Charakteristisch für die Spannungsentwicklung in diesem Roman ist die von William Golding angewendete Technik der Differenzierung, Parallelisierung und Spiegelung von Ereignissen. Dabei entsprechen die Stadien der Brutalisierung bei der Schweinejagd

denen bei der Menschenjagd. Beide Male handelt es sich um eine dreischrittige Steigerung mit einem ‚Vorlauf' (Ferkeljagd als ‚Jagdspiel' – Robert als ‚Jagdbeute').
Schweinejagd: das Erlegen des ersten Schweines – die Jagd auf den Eber – das Abschlachten der Muttersau.
Menschenjagd: die Tötung Simons im Tanzrausch – die sinnlose Ermordung Piggys – die erbarmungslose Hetzjagd auf Ralph mit beinahe tödlichem Ausgang.

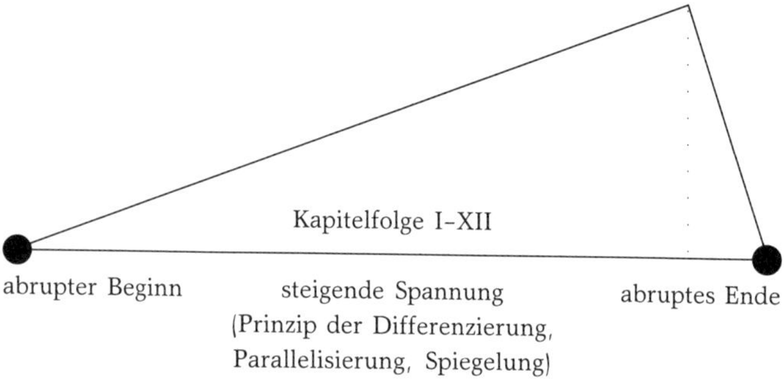

Der Roman zeigt eine überschaubare Anzahl handelnder Personen, von denen zwei besonders in den Vordergrund gerückt werden: Ralph und Jack. Ein bemerkenswerter Aspekt für die Deutung des Romans ist, dass Ralph – der positive Held – von Golding als erste und letzte handelnde Person gezeigt wird („Der blondhaarige Junge" – S. 7; „Ralph blickte ihn stumm an." – S. 228). Bereits zu Beginn des Romans bringt Golding dem Leser seinen Helden in vielen kleinen, sympathischen Details näher, ehe der Gegenspieler eingeführt wird. Dies geschieht scharf und kontrastreich und wird mit einem knappen Porträt von Jacks wenig anziehender Erscheinung abgeschlossen:

> *„In seinem wehenden Mantel stand er groß, hager und knochig da, unter der schwarzen Mütze drängte sich rotes Haar hervor. Er hatte ein verzerrtes, sommersprossiges, hässliches, aber durchaus nicht einfältiges Gesicht. Aus dem starren Blick seiner hellblauen Augen sprachen ärgerliche Enttäuschung und beginnender Zorn."* (S. 23)

Golding entwickelt diesen Kontrast systematisch fort bis zur beinahe tödlich verlaufenden Jagd auf Ralph durch Jack und seine Jäger. Während für Ralph das Muschelhorn zum Hilfsmittel wird, mit dem er die Ordnung aufrechtzuerhalten sucht, ist es für Jack das Messer, mit dem er seine Gesetze etablieren will.

Schritt für Schritt führt Golding den Leser zusammen mit den Figuren des Romans in die Inselwelt ein. Wir werden Zeuge harmloser Späße, erster Grenzziehungen zwischen Ralph und Jack, die noch folgenlos bleiben. Die Offenheit der Ausgangssituation lässt alle Entwicklungsmöglichkeiten für die jungen Robinsons zu – zum Guten wie zum Schlechten. Aber der Weg zum Bösen, das unauslöschlich im Menschen liegt, wird beschritten. Die Jungen versäumen es – zunächst aus Unbekümmertheit – den Anfängen zu wehren.

Das Spannungsverhältnis der beiden Anführer ist zunächst nur latent vorhanden. Erstmals bricht es deutlich auf, als Jack Vorwürfe von Ralph wegen seiner erfolglos gebliebenen Jagd einstecken muss. (S. 57 f.) Mit der immer deutlicher in Erscheinung tretenden Entzweiung der beiden Leitfiguren zerfällt dann die Gruppe der Jungen in zwei feindliche Lager. Ralphs Versuche, die Gemeinschaft zusammenzuhalten, schei-

tern mehr und mehr an den von Jack initiierten Gewalt-Abenteuern. Unaufhaltsam und ohne dass sie es bemerken, reduziert sich das Handeln der Kinder um Jack auf wenige primitive ‚Rituale': auf das Tanzen, Jagen und Töten. – Von diesem Stadium ist es nicht mehr weit bis zum vollkommenen Rückfall in die Barbarei. Sie erreicht mit dem Tod Simons (S. 172) und dem Tod Piggys (S. 204) zwei absolute Tiefpunkte.
Parallel zu diesen Ereignissen verfremdet und nuanciert Golding die schon anfänglich beunruhigende Naturkulisse („Um ihn her, in der Schneise, [...] kochte die Luft." – S. 7) entsprechend den Veränderungen im Denken und Handeln der Kinder auf der Insel. Die Dschungellandschaft mit ihrer üppigen Vegetation wird zur unheimlichen Bedrohung; Regenschauer werden zu Sintfluten; das Feuer wird zu einer alles vernichtenden Gewalt; Jagden enden in ungehemmtem und wildem Blutrausch; aus Kindergesichtern werden Teufelsfratzen. Die vier Elemente (Wasser, Feuer, Erde, Luft) verschmelzen miteinander zu einem chaotischen Wirbel von Geräusch und Bewegung (S. 171–174).
William Goldings Roman ist, wie eingangs angedeutet, bis in viele Einzelheiten hinein Robert M. Ballantynes Abenteuerroman *Die Koralleninsel* nachgebildet (Gleichheit der Namen, Insel, Ferkeljagd, geheimnisvolles Tier, tropische Unwetter, Rettung). Er unterscheidet sich jedoch ganz fundamental in der Verarbeitung der Themen, in der Symbolsprache und in der Aussageabsicht von seinem ‚Vorgänger'. Sehr bewusst hat Golding in *Herr der Fliegen* die Namen aus Ballantynes Abenteuerbuch übernommen, um sie als einen Teil der ganzen Menschheit darzustellen. Im Gegensatz zu Ballantynes Helden sind nicht mehr alle Engländer, und vor allem haben sie nicht die ‚Wahrheit' für sich gepachtet. Bei Ballantyne wird grundsätzlich nichts hinterfragt oder gar problematisiert.

In ihrer Gewissheit, der ‚richtigen' Seite anzugehören, werden in *Die Koralleninsel* die Jungen mit allen Gefahren fertig. Sie sind dazu in der Lage, weil sie – nach Auffassung ihres Schöpfers – als Angehörige der britischen Herrenschicht (christlich und zivilisiert) a priori Heilsbringer für die Eingeborenen zu sein haben, die unterworfen und kultiviert werden müssen. Wo Golding die „dämonischen Aspekte menschlichen Verhaltens"[12] ins Zentrum rückt, werden von Ballantyne nur vordergründig spannende Effekte erzeugt, die den Leser das Gruseln lehren, aber nichts von einer existenziellen Bedrohtheit der Menschheit offenbaren.
Erschütternd ist, dass es sich in *Lord of the Flies* auch um ganz „normale", gut erzogene und gebildete Kinder handelt – sogar um solche, die eine britische Erziehung und Bildung genossen haben. Goldings ‚Augenzwinkern' ist letztlich doch ein nachsichtiges und nicht ganz ohne Ironie. Die Bitterkeit des Geschehens wird dadurch gemildert. Trotzdem bleiben tiefe Leiderfahrungen und dunkler Ernst bestimmend, die der Autor lakonisch kommentiert: „I learned during World War II just how brutal people can be to each other. Not just Germans and Japanese, but everyone. I tried to point that out."[13] Wer an die „Unschuld" des Menschen an sich glaubt, auch die des Kindes, ist einer grausamen Täuschung erlegen. Die Tugenden der alten Welt reichen nicht aus, im Insel-Paradies gemeinschaftsstiftend und zivilisationsrettend zu wirken, ganz im Gegensatz zu den Darstellungen in den positiven Utopien des 18. und 19. Jahrhunderts. Der Pendelschlag vom Schlechten zum Guten vollzieht sich in Goldings Roman wiederholt trotz eines durchgehenden Verfalls von Moral und Gesetz der

12 Vgl. Edgar Neis, *William Golding, Herr der Fliegen (Lord of the Flies)*, Erläuterungen und Dokumente, Hollfeld 1980, S. 80.

13 William Golding in einem Interview aus dem Jahre 1963, das er der „New York World-Telegram and Sun" gegeben hat. – Vgl. Frederick Jackson, *Lord of the Flies*, ebd., S. 43.

Gemeinschaft. Letztlich kommt es nicht zum endgültigen vernichtenden Umschlag.
Wie wenig der Mensch mit seiner tief wurzelnden Unvollkommenheit seit seinem Ursprung fertig geworden ist, führt Golding dem Leser auf jeder Seite seines Romans beispielhaft vor Augen.[14]

14 "With undertones of *1984* and *High Winds in Jamaica* this brilliant work is a frightening parody of man's return (in a few weeks) to the state of darkness from which it took them thousands of years to emerge." – James Stern, „English School Boys in the Jungle", in: Frederick Jackson, *Lord of the Flies*, ebd., S. 57.

2.4 Personenkonstellation und Charakteristiken

In William Goldings Roman *Herr der Fliegen* stehen sich zwei Jungen, Ralph und Jack, als Kontrahenten gegenüber. Beide ragen über das Maß der anderen Jungen hinaus und beanspruchen Anführerpositionen.

Jack und Ralph – zwei Grundtypen gegensätzlicher menschlicher Verhaltensweisen

In Ralph und Jack stehen sich zwei Grundtypen menschlicher Verhaltensweisen gegenüber: der in einer Ausnahmesituation ruhig überlegende, ganz auf Vernunft und gesunden Menschenverstand eingestellte, demokratische Grundregeln akzeptierende und proklamierende Junge, der das Beste für die Gesellschaft herausholen und durchsetzen will auf der einen Seite; auf der anderen der ichsüchtige, nur seinen Instinkten folgende, hemmungslos aggressive, sadistische Triebmensch, der vor keiner Gewalttat zurückschreckt, tyrannisch seinen Willen anderen aufzwingt und eine Diktatur errichtet. Goldings Roman *Herr der Fliegen* ist ein warnendes Beispiel dafür, was aus einer Gemeinschaft werden kann, wenn sie die Gesetze demokratischen Verhaltens außer Acht lässt und in Anarchie verfällt.

Dem Anführer und Vertreter einer beabsichtigten demokratischen Ordnung (Ralph) und einer autoritären Diktatur (Jack) ist jeweils ein wesensverwandter Gefährte zugeordnet (Piggy und Roger), während die anderen weniger individualisierten Gestalten zwischen (Sam und Eric) oder über (Simon) den Parteien stehen, so dass sich folgendes Schema der Personenzuordnung ergibt:

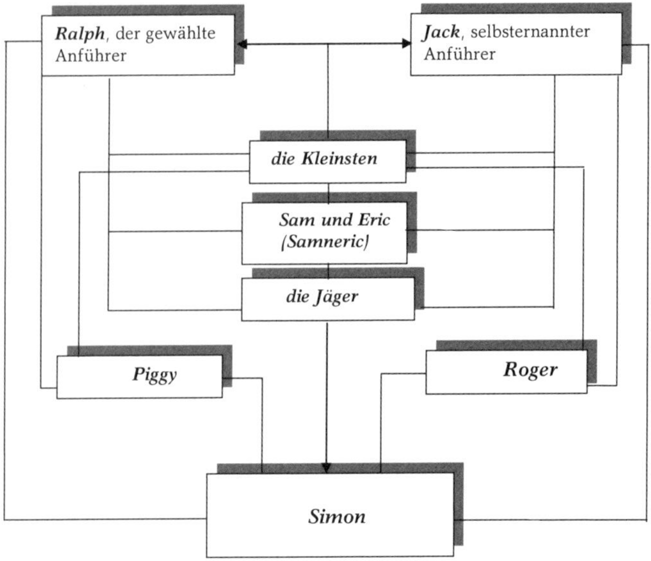

Ralph: ruhige, bedachtsame Wesensart; er handelt planmäßig und zielbewusst, überlegt und besonnen, meist sehr beherrscht, stellt alle notwendigen Unternehmungen auf Rettung ab; verantwortungsbewusst und einsatzbereit, aber besorgt über die einreißende Unordnung und den moralischen Verfall der Gemeinschaft, den er aufzuhalten trachtet. Fehler und Schuld legt er nicht nur anderen zur Last, sondern auch sich selber, und er ist immer bereit, zugunsten der Gemeinschaft zurückzustehen. Als von der Gemeinschaft frei gewählter Anführer will er demokratische Prinzipien durchsetzen, nur an das Wohl der Gesamtheit denkend.

Ralph spricht klar, korrekt, mit gesundem Menschenverstand, aber auch zurückhaltend, einräumend, tolerant, mit Bedacht auf Vernunft und Ordnung dringend; erst später, in der Kontroverse mit Jack, etwas schwerfälliger und erregter, aber nie verletzend, immer versöhnlich.

Piggy: klein, dick, asthmatisch, kurzsichtig, daher Brillenträger, ängstlich, empfindlich, ärgert sich über seinen Spitznamen Piggy (Schweinchen), ist aber klug, klar und nüchtern denkend, rational eingestellt, von Vernunft geleitet. Oft eine Zielscheibe des allgemeinen Spottes, übertrifft er jedoch alle an Intelligenz. Seinen Eintritt für die Sache der Gerechtigkeit und seinen Versuch, die Raserei der Jäger zu stoppen, muss er mit dem Leben bezahlen.
Piggy spricht nüchtern, ausgeglichen, mit logischer Konsequenz, mitunter altklug und leicht pedantisch, aber immer entgegenkommend und verbindlich.

Simon: ein in sich zurückgezogener Junge, sucht oft die Einsamkeit auf, in Gedanken vertieft, sensibel, zart, anfällig. Einzelgänger, aber doch hilfreich und mutig. Setzt sich für andere ein, z. B. für die Wiedererlangung von Piggys Brille, hilft Ralph als Einziger beim Hüttenbau; hat visionäre Eigenschaften, verkündet Ralph Rettung und Rückkehr, erkundet allein das Geheimnis des Untiers auf dem Gipfel des Berges, entdeckt die Wahrheit und stirbt einen Märtyrertod, brutal von Jacks Bande niedergestochen. Typ des Erlösers und Heiligen; auch seine Neigung zur Epilepsie (früher als „heilige Krankheit" angesehen) ist bezeichnend.

Simon spricht langsam, nachdenklich, versonnen, oft gehemmt, mitunter gedankenvoll verträumt, visionär.

Jack: rothaarig, sommersprossig, von einer ichsüchtigen, rohen Art, von primitiver Wildheit und Skrupellosigkeit, zwingt seinen Willen gern anderen auf, schwingt sich zu einem blutrünstigen Diktator auf, Töten ist ihm ein Spiel und eine Lust, erst Tiere, dann sogar eigene Kameraden. Seine Beute jagt und hetzt er erbarmungslos, ohne Gewissensbelastung. So wird er zum Prototyp des Gewaltmenschen, der keine Grenzen kennt und völlig entartet. Aus der ursprünglich auch von Ralph unbestrittenen Notwendigkeit der Nahrungsbeschaffung erwachsen in Jack Sadismus und diabolische, barbarische Mordlust.
Jack spricht laut, aggressiv, herausfordernd, scharf, zynisch, bissig, berechnend, beleidigend, diffamierend, unnachgiebig, kompromisslos; diktatorisch, tyrannisch, besonders als „Häuptling" oder „Chief", wie er später von seinen Jägern angeredet wird.

Roger: der Handlanger und Helfershelfer Jacks, der aus einem zunächst etwas scheuen und verschlossenen Jungen zu einem üblen Schergen seines brutalen und rabiaten „Chiefs" wird und das Amt des Folterknechts und Henkers übernimmt. Seine Opfer durch herabrollende Felsblöcke zu zermalmen, bereitet ihm ein besonderes Vergnügen.[15]

---

15 Roger ist der Typ Mensch, wie ihn die Hitler-Diktatur in großer Zahl hervorgebracht hat; seine Machtmittel sind ihm zugewachsen, und er setzt sie hemmungslos ein. Die letzte Verantwortung für sein Tun braucht er ohnehin nicht zu übernehmen.

Samneric: das Zwillingspaar, wegen ihres ständigen gemeinsamen Auftretens und immer in völliger Übereinstimmung sich vollziehenden Handlungsweise Samneric (= Sam and Eric) genannt und immer im Plural apostrophiert, sind Mitläufer, Durchschnittsmenschen ohne ausgeprägte Eigenwilligkeit. Erst auf der Seite Ralphs stehend, werden sie unter Zwang und durch Folterung der Bande Jacks hörig gemacht, als Wächter eingesetzt und mit Schlägen und Züchtigungen dahin gebracht, den Aufenthaltsort des flüchtigen Ralph zu verraten. Ängstlich und erpressbar beugen sie sich der Gewalt.

2.5 Sachliche und sprachliche Erläuterungen

William Golding schreibt sehr klar und verständlich. Die wenigen, möglicherweise nicht geläufigen Wörter und Wendungen erschließen sich dem Leser mühelos aus dem Kontext. Wir halten es jedoch weiterhin für sinnvoll, dem (jugendlichen) Leser einzelne Wörter zu erklären und auf diese Weise seinen passiven – (partiell auch aktiven) – Wortschatz zu erweitern. Zu dem Roman *Herr der Fliegen* beschränken wir die Erklärungen auf solche Wörter, die aufgrund ihrer fremdsprachlichen Herkunft und unterschiedlichen Verwendung im Alltag jüngeren Lesern möglicherweise nicht bekannt sind.

Lagune (S. 8):	flache Seen in (tropischen) Gewässern; vom offenen Meer durch schmale Landstreifen oder Riffe (Korallenriffe) abgetrennt.
Korallenriff (S. 10):	eine mit Korallen besetzte Felsenbank, Klippe, Felsengrat im Meer.
Perspektiven (S. 10):	Darstellung des Raumes u. räumlicher Gegenstände auf einer ebenen Bildfläche mit räumlicher Wirkung; Zukunftsaussichten – „das ist aber keine gute Perspektive".
Oktave (S. 19):	achter und letzter Ton der diaton. Tonleiter; Intervall von acht Tönen.

das hohe C (S. 25):	das C der zweigestrichenen Oktave.
Myriaden (S. 32):	Zahlbegriff für „zehntausend"; drückt eine unzählbare Menge zumeist kleinster Partikel aus.
Plateau (S. 34):	Hochebene, Tafelland; obere, ebene Fläche eines Felsen.
Evakuierung (S. 37):	lat.: vacuus = leer, etwas ausräumen oder entleeren, gebräuchlicher ist: ein Gebiet von Bewohnern räumen, Aussiedlung der Bevölkerung aus einem Gebiet.
Brise (S. 37):	gleichmäßiger Wind, guter Segel- oder Fahrwind – eine steife oder frische Brise.
Märtyrermiene (S. 44):	Märtyrer: jemand der für seinen Glauben oder für seine Idee gestorben ist. – Heute alltagssprachlich auch verwendet für jemanden, der bereit ist, für andere zu leiden; narzisstische Form: sich bei jeder Gelegenheit zum „Märtyrer" machen lassen; krankhafte Form ist dann gegeben, wenn sich jemand „leidend" in den Mittelpunkt rückt, um Aufmerksamkeit auf sich zu lenken.

der Alt (S. 49):	Altstimme, die tiefere Stimmlage bei Frauen und Knaben.
der Sopran (S. 49):	die höchste Stimmlage von Frauen und Knaben.
Mordsheuschober (S. 50):	Heuschober: im Freien gestapeltes Heu.
Kastagnetten (S. 55):	in Spanien übliches Handklapperinstrument aus zwei miteinander verbundenen, beweglichen, am Daumen befestigten Holzschalen, die gegeneinander geschlagen werden.
Baldachin (S. 63):	Stoffdach über einem Thron oder Bett.
Opal (S. 65):	Halbedelstein; Grundfarbe ist ein helles Blau; schimmert je nach Lichteinfall noch in vielen anderen Farben.
Rugbybälle (S. 69):	Rugby: angelsächsischer Mannschaftswettkampf mit einem eiförmigen Lederball (soll aus der Nähe von Birmingham stammen).
mechanisch (S. 89):	hier: unwillkürlich, gedankenlos.

Polypen (S. 119): hier: Kopffüßler mit Tentakeln (Fangarmen).

Leviathan (S. 119): drachenartiges Meeresungeheuer, Riesenschlange.

Guano (S. 120): Kotablagerung von Seevögeln; sehr nährstoffhaltiger Naturdünger.

Gischtsäule (S. 120): aufsprühendes Meerwasser; Schaum der Wellen.

Kaskaden (S. 125): sich sturzbachartig von oben ergießendes Wasser in immer neuen Mengen. – Aber auch verwendet, um ähnliche Effekte zu beschreiben, z. B. Lichtkaskaden.

Chatham (S. 127): Stadt östlich London am Fluss Medway; bekannt durch den englischen Schriftsteller Charles Dickens (1812–70), der in Ch. aufwuchs; bildet mit Rochester eine zusammenhängende Stadt.

Zunderholz (S. 148): Holz, das sehr gut brennt. Daher die Wendung: „Das brennt wie Zunder." Übertragen auch in der Bedeutung von „Zunder kriegen" (milit. „dichtes Feuer kriegen" – fam. „Prügel kriegen, dass die Schwarte raucht").

Zynismus (S. 156):	bissig-pietätlose Haltung.
Korona (S. 167):	hier: Teilnehmerkreis, Zuhörerschar.
Felsensims (S. 197):	Felsvorsprung.
Drillich (S. 226):	sehr festes Leinen oder Baumwollgewebe; meistens verwendet für Arbeits- oder Militärkleidung.

2.6 Stil und Sprache

Goldings Erzählkunst in diesem Roman fesselt jeden Leser. Bei aller Dramatik erzählt er sehr kontrolliert. Der Roman enthält ausgeführte und ruhig dahinströmende Sätze, aber Golding versteht es, mit der Dynamisierung der Ereignisse seine Sätze auch zu straffen. Er ist in der Wahl seiner Wörter sehr bedacht und verwendet sie stets äußerst bedeutungsvoll. Beinahe nichts, so kann man sagen, steht in dem Roman nur als Wort für sich; stets impliziert es eine zusätzliche Bedeutung. Frederick Jackson charakterisiert in seiner Interpretation Goldings Sprachkunst, die weiter unten noch gewürdigt wird (⇒ **5.**), mit den Worten:

> *„Golding writes with great virtuosity. At times he describes the details of the jungle so concretely and vividly that the reader is convinced of the reality of the experience. Other times he lyrically presents the imaginative experience of the boys, as in Chapter 4 where he depicts the illusions that beset the boys, or in Chapter 8 where he brings Simon face-to-face with the Lord of the Flies. His tone ranges from a romantically enthusiastic response to the beauty of the jungle, to a satiric juxtaposition of incongruous elements like the childish chatter and vicious expressions of hatred by the boys."*[16]

Golding erzählt aus wechselnden Perspektiven, zumeist aus der Ralphs, Simons oder Piggys, soweit es sich um Vorgänge handelt, die unmittelbar auf die handelnden Personen einwirken oder von ihnen wahrgenommen werden. An anderer Stelle verlässt er jedoch den Blickwinkel einer handelnden Person und nimmt den Standort des „allwissenden Erzählers" ein. Dies geschieht dort, wo sich Dinge außerhalb des engeren

16 Vgl. Frederick Jackson, *Lord of the Flies*, ebd., S. 52.

Handlungsraumes ereignen oder wenn Ereignisse erwähnt werden, die für die Anbindung an den Handlungskontext wichtig sind, von den Jungen selbst jedoch nicht erkannt werden können. Als Beispiel hierfür sei der Schluss des neunten Kapitels angeführt:

> *„Das Wasser stieg weiter und übergoss Simons wirres Haar mit hellem Glanz. Seine Wangenlinie strahlte silbern, und die Wölbung seiner Schultern wurde zu gehauenem Marmor. [...] Irgendwo über der verfinsterten Hälfte der Welt wirkte die unermessliche Kraft der Sonne und des Mondes; und so wurde die Wasserhülle auf dem Erdenstern festgehalten und wölbte sich ein wenig auf einer Seite, während der harte Kern sich drehte. Die große Welle der Flut rollte weiter wider die Insel, und die Wasser stiegen. Leise, umgeben von einem Kranz neugieriger leuchtender Wesen, glitt Simons lebloser Körper, eine Gestalt aus Silber unter den ewigen Sternbildern, hinaus dem freien Meer entgegen."* (S. 174)

Im Gesamtwerk Goldings ist die üppige Verwendung symbolischer Gegenstände und Zeichen auffällig. In *Herr der Fliegen* sind es das Muschelhorn, mit dem die Versammlungen der Kinder einberufen werden, der tote Flieger mit seinem Fallschirm auf der Bergspitze der Insel, die spielenden Schmetterlinge auf der Dschungellichtung, der abgehackte Schädel der Sau, der als „Lord of the Flies" die Fliegen der Insel anzieht, das Feuer, das zunächst zur Rettung führen soll und schließlich den Bestand der Insel bedroht. Lachen und Kichern ist eines der sich am häufigsten wiederholenden (kindgemäßen) Zeichen. Die Jungen auf der Insel lachen ihre Skrupel und ihre Furcht hinweg; indem sie über alles lachen, begeben sich auf den Weg der Barbarei; ihr Lachen aus kindlicher Freude oder Furcht wird nach und nach zu einem enthemmten höllischen Gejohle.

Wie Jocline (*The Spire*) blind ist für die Realität seiner Mitmenschen und seines eigenen Innern, so sind die Jungen in *Herr der Fliegen* – mit Ausnahme von Simon – blind für die Wirklichkeit auf ihrer Insel. Aus Mangel an Selbsterkenntnis interpretieren sie die Gegenstände und Erscheinungen ihrer Insel-Umwelt falsch. Sie halten die Zweige der Bäume für Schlangen und den toten Flieger für ein Monstrum, dem man opfern muss. In *Herr der Fliegen* erweist sich Golding als Kenner und meisterhafter Schilderer von Massenhysterie, Angst und Hass.[17]

Blindheit gegenüber der Realität

Die auffälligsten Symbole und Zeichen des Romans – Übersicht:

das Muschelhorn – Zeichen der Vernunft, Symbol der Rede- und Meinungsfreiheit und demokratischen Ordnung;
das Feuer – Symbol der Hoffnung, der erwarteten Rettung, der Bindung an die Außenwelt und Zivilisation;
die Brille (Piggys) – Zeichen der Intellektualität, der Klugheit, des Wissens, zugleich Feuerbringer; die zerbrochene Brille – Zeichen der Verunsicherung, der gestörten Ordnung;
die spielenden Schmetterlinge – Symbol der Schönheit, der ungestörten Natur, des Seelenhaften (griech. Schmetterling = Psyche = Seele); sie verflüchtigen sich beim Anblick des „Herrn der Fliegen", des Bösen;
die Insel – Symbol eines Paradieses, das aber zur Hölle wird; Symbol des Lebensschiffs, auf dem die Jungen dahintreiben;

17 Wir erinnern an die im Kap. **1.2** knapp umrissene historisch-politische Situation, in der Golding diesen Roman schrieb: Der Zweite Weltkrieg lag erst zehn Jahre zurück; der große Gegensatz zwischen „Ost" und „West" strebte seinem Höhepunkt entgegen (der sog. „Kalte Krieg"); weltweit wuchs die Angst vor einem Atomkrieg.

der Inselberg - Ort der Furcht, der Hoffnung, der Wahrheit; die Bergbesteigung: Sinnbild der Wahrheitssuche, der Sehnsucht nach Errettung;
das Meer - Symbol der Weite der Welt, der unheimlichen Ferne, der Ausweglosigkeit, zugleich der Vergänglichkeit, der Ewigkeit, der Reinigung, der Erlösung (Simons und Piggys Leichnam);
der Marineoffizier - Symbol der Welt der Erwachsenen, der Rettung, der Vernunft - aber auch der Gewalt in der Welt außerhalb der Insel;
der Kreuzer - Ort der Bergung, der Rettung, der Sicherheit; zugleich aber Kriegsinstrument, Kampfmittel in der Welt der Erwachsenen, die nicht viel besser ist als die der Jungen, vielleicht sogar schlimmer (Atomkrieg);
die Bemalung der Gesichter - Aufgabe normalen Menschenseins, Verfremdung, Rückfall in primitive Barbarei;
die Tötung der Wildsau (Muttertier mit Jungen) - Preisgabe jeder Moral, Zeichen für gewissenlose Zerstörung der Naturordnung, Absinken in Animalität;
die Schlangen - Symbol der Verführung, der Beunruhigung, des Bösen im „Paradies" (Bibel);
Buschtrommel und Speere - Zeichen des Herabsinkens auf eine „niedere" Kulturstufe, Zeichen der Streitsucht und Kriegslust;
das Herabrollen der Felsblöcke auf die Gegner - Symbol brutalen Vernichtungswillens, Einsatz von „Machtmitteln", welche die Stimmen der Vernunft zum Schweigen bringen;
das fabulöse Untier - Symbol der eigenen Unruhe, der Angst, der abergläubischen Furcht vor dem Ungewissen;
der abgehackte, aufgespießte Schweinskopf, der „Herr der Fliegen" - Symbol des Verderbten, des abgründig Bösen, des Blutrauschs, der Barbarei. „Herr der Fliegen" ist eine Übersetzung des hebr. Baalzebub (daher auch unser „Beelze-

bub"), im N. T. Bezeichnung für den obersten Teufel. In Goethes *Faust* heißt Mephisto „Fliegengott" zur Kennzeichnung des Bösen in ihm und nennt sich selber „Herr der Fliegen" (Faust I, V. 1334 und 1516 f.);
der Leichnam des Piloten – Symbol der gefallenen Menschenkreatur; Symbol des Krieges und des Untergangs;
die Maske, der „Tarnanstrich" – Zeichen der Anonymität, der Befreiung von Hemmungen, der Furcht erregenden Wildheit.

Herr der Fliegen, so wurde eingangs gesagt, ist eine kritische Replik Goldings auf die optimistische Weltsicht des 19. Jahrhunderts (Ballantyne). Die Kindheit schon erscheint bei Golding nicht mehr im Zustand der Unschuld, sondern sie spiegelt in grotesker Verfremdung Handlungs- und Verhaltensmuster Erwachsener wider. Obwohl nur ganz am Ende des Romans Erwachsene auftreten, von denen wiederum nur einer in Aktion tritt, bestimmen die direkten und indirekten Vergleiche und Parallelen zwischen Erwachsenen- und Kinderwelt durchgängig die Sprache des Romans. Das unterlegt ihm eine subtile Ironie, die am Schluss überdeutlich wird. Jack, Ralphs Gegenspieler, macht nach und nach alle Anstrengungen zunichte, die darauf gerichtet sind, eine demokratische Gesellschaftsform im Zusammenleben auf der Insel zu praktizieren. Er errichtet jedoch kein Reich des Chaos, sondern eine totalitäre Ordnung, in der er die Regeln bestimmt: Tänze, Rituale, magischer Singsang, Bemalungen, Opferungen. Am Ende hinterlässt er ein Chaos. Der englische Marineoffizier, der die Kinder aus dem Unheil errettet, das sie auf der Insel angerichtet haben, führt sie jedoch nur in ein noch größeres Chaos, das der Krieg der ganzen Menschheit beschert hat: „Er wandte sich ab, um ihnen Gelegenheit zu geben, sich zusammenzureißen, und wartete, und seine Augen blieben an

dem stolzen Kreuzer in der Ferne haften." (S. 229) Diese ironische Schlusswendung wird gern als Ausgangsmoment für eine pessimistische Auslegung des Romans genommen. Eine solche ist uneingeschränkt jedoch nicht zutreffend, denn Golding verknüpft in seinem Roman dialektisch das Negative mit dem Positiven.
In den folgenden Zitaten in 2.7 werden unterschiedliche Sichtweisen auf den Roman festgehalten, in denen auch der Schluss des Romans beleuchtet wird.

2.7 Interpretationsansätze

Wir geben an dieser Stelle keine zusammenhängende „Musterinterpretation", sondern entscheiden uns für einen ganzen Kranz unterschiedlicher interpretierender Stellungnahmen. In ihnen werden auch die Themen und Aspekte des Romans aufgegriffen, die im Vorwort bereits benannt worden sind.

(1) Ronald Hindmarsh hebt die technische Vollkommenheit und die Einfachheit der Grundaussage in Goldings Roman hervor:

„Es gibt keine Zweifel über die technische Meisterschaft von ‚Lord of the Flies', die Vollkommenheit des Stils und die unfehlbare und atemberaubende Entwicklung der Handlung. Was aber impliziert der Roman in religiöser und politischer Hinsicht? Golding akzeptiert die eine Seite der christlichen Lehre – die Realität der Sünde und den Tatbestand des Bösen. Aber an keiner Stelle in ‚Lord of the Flies' bezieht er die komplementären und nicht weniger wichtigen Aspekte dieser Weltanschauung ein, nämlich die Existenz Gottes und die Möglichkeit seiner Gnade. Aufgrund dieser sehr erheblichen Unterlassungssünde hat Golding seine Karten völlig zugunsten des Bösen gezinkt als dem Prinzip, das letzten Endes triumphieren muss. Die politische Aussage von Goldings erstem Roman ist nicht weniger aufschlussreich. In ‚Lord of the Flies' drängen sich die Hauptmerkmale dessen, was wir als die ‚geschlossene Gesellschaft' zu bezeichnen gelernt haben, in den Vordergrund: Stammesverhalten, Aberglauben, Irrationalismus, Tyrannerei und Totalitarismus. Als Folge dieser fast

Stammesverhalten
Aberglaube
Irrationalismus
Tyrannei
Totalitarismus
als Hauptmerkmale
sog. „geschlossener
Gesellschaften"

ausschließlichen Beschränkung auf die dunklen und dämonischen Aspekte menschlichen Verhaltens haben die Charakteristika der ‚offenen Gesellschaft' – Ordnung, vernünftige Diskussion, demokratisches Vorgehen und konstruktive Kritik an der Gesellschaft durch ihre eigenen Mitglieder – in ‚Lord of the Flies' keine Chance. Die Demokratie ist in diesem Werke zu keinem Zeitpunkt ein ernst zu nehmender Gegner der totalitären Kräfte, noch hat die Zivilisation die geringste Chance gegen den Primitivismus. Stellt unter diesen Umständen der drückende Pessimismus von ‚Lord of the Flies' einen Fortschritt gegenüber dem selbstzufriedenen Optimismus von ‚The Coral Island' dar? Das Problematische an Goldings bekanntestem Roman ist die Tatsache, dass er so brillant konzipiert und realisiert ist, dass der Leser – und besonders der junge Leser – in schnellem Enthusiasmus für das Werk dazu neigen wird, die religiöse und politische Einseitigkeit zu übersehen, aus der er sich speist. ‚Lord of the Flies' ist zweifellos ein faszinierendes Buch, das jedoch mit einer gewissen Vorsicht und Distanz zu lesen ist.

[…]

Ich habe behauptet, dass Goldings Werke zwar brillant geschrieben, aber doch höchst konstruiert sind. Was uns überall in seinem Werk auffällt, ist nicht nur seine Kraft und Vielseitigkeit als Stilist – die Genauigkeit seines Dialogs, die Gewalt seiner ‚purple passages' und der rein lyrische Charakter eines großen Teils seiner Werke. Man muss über den Stil hinaus auch die technische Vollkommenheit seiner Romane bewundern – die Vielzahl seiner Anspielungen, die Genauigkeit ihrer Integration in vielschichtigen Erzählungen, seine Art, einer äußerst begrenzten Szenerie und Handlung Tiefe und den Eindruck von Universalität zu geben und, nicht zuletzt, jedem Roman ein so striktes Muster zugrunde zu legen, dass wir gezwungen sind, seine Prosa so gründlich wie Gedichte zu lesen. Aber man könnte gleichermaßen behaupten, dass

Goldings Erfolge als Schriftsteller nicht nur von seinen Fähigkeiten, sondern auch von seinen Mängeln herrühren. Sollten wir nicht zum Beispiel zwischen der Komplexität seiner Techniken und der fast allegorischen Einfachheit der Grundaussage in jedem seiner Romane unterscheiden, die zuweilen an Banalität grenzt? Und hat Golding irgendwo einen Charakter geschaffen, der aus sich selbst heraus lebt und nicht nur Träger einer Idee ist?

Das Besondere an *Lord of the Flies*: technische Vollkommenheit – allegorische Einfachheit der Grundaussage

[...]

Aber wenn meine Vorbehalte auch nur teilweise zutreffen, wie lassen sich dann Goldings große Erfolge nicht nur in England, sondern ganz besonders auch in den Vereinigten Staaten und in Deutschland verstehen, Länder, in denen sein Werk – und insbesondere ‚Lord of the Flies' – in zunehmenden Maße als Textbuch sowohl in Gymnasien wie auch in Universitäten benutzt wird? Für Goldings gegenwärtige Popularität gibt es mehrere gute Gründe. Seine Hauptthemen – Sünde, Schuld, Strafe, Erlösung – sind von so immens aktuellem Interesse sogar in unserer nachchristlichen Welt, dass er schon aus diesem Grunde allein sicher sein konnte, viele persönlich engagierte Leser zu finden. Und was könnte moderner sein als sein Interesse an pathologischen Zuständen und sein Rückruf auf primitive Gebräuche, auf Rituale, Bacchanalien, Totem und Tabu? Es ist auch unbestreitbar, dass Golding ein äußerst begabter und origineller Schriftsteller ist, der zu keiner Schule gehört und keine Nachahmer gefunden hat."[18]

---

18 Roland Hindmarsh: *William Golding*, in: Rudolf Sühnel/Dieter Riesner, Englische Dichter der Moderne. Berlin 1971, S. 550 und 556 f.

(2) Für Arno Esch ist die menschliche Gesellschaft nicht frei vom Bösen, aber auch nicht zwangsläufig zum Bösen determiniert.

„Obwohl für die auf der einsamen Insel im Pazifischen Ozean verschlagene Gruppe englischer Jungen alle schädlichen Umwelteinflüsse ausgeschaltet waren und geradezu ideale Bedingungen herrschten, scheitern sie bei dem Versuch, eine auf Vernunft und Ordnung gegründete Gemeinschaft aufzubauen. Sie verschmutzen und verwahrlosen, sobald sie der elterlichen Aufsicht entbehren.
Beelzebub ist nicht bei den Kannibalen und Piraten, die Jungen selbst werden vielmehr zu Wilden und Mördern. Sie missachten die natürlichen Rechte des anderen. Die Macht des Animalischen ist stärker als die Vernunft, und die wenigen, die eine bessere Einsicht haben, schwemmt die Woge der Vernichtung hinweg. Sie begreifen zu spät, dass sich Menschen wie Jack gewissenlos über Gesetz und Ordnung hinwegsetzen und alles hassen, was sich ihnen nicht unterwirft.
Das von Golding entworfene Gemälde hat düstere Farben. Die irrationalen Kräfte des von Natur aus bösen Menschen toben sich aus bis zum bitteren Ende und hinterlassen ein Trümmerfeld. Über den Ursprung des Bösen gibt der Roman keinen Aufschluss. Es kann als Auswirkung eines dem Menschen innewohnenden Zerstörungstriebes verstanden werden oder auch religiös als Folge der Erbsünde. Zweifellos sprechen symbolische Obertöne und vor allem das Zentralsymbol des Herrn der Fliegen stärker für eine christliche Interpretation, aber ein christliches Weltverständnis ist nicht als notwendig vorausgesetzt.

menschliche Gesellschaft: nie frei vom Bösen, aber nicht zwangsläufig zum Bösen determiniert

Wenn auch eine Gesellschaft nicht frei vom Bösen gedacht werden kann, so ist doch der Mensch keineswegs zum Bösen determiniert. Er kann sich wie Jack dem

Bösen ausliefern oder wie Ralph gegen die Entfesselung der Leidenschaften ankämpfen; er kann sogar wie Simon ein Heiliger werden. Die Masse wird blind dem Stärksten folgen; aber es gibt auch Durchschnittsmenschen, wie Samneric, die sich nur gezwungen und nach innerem Kampf der Gewalt beugen. In die Spannung zwischen apollinischen und dionysischen Kräften gestellt, kann der Mensch sich für das Chaos entscheiden, er kann aber auch durch Selbstzucht und energisches Zupacken eine zwar nicht ideale, aber doch brauchbare Ordnung schaffen. Dass die Jungen in ‚Lord of the Flies' scheitern, ist nicht allein dem zerstörerischen Wesen der Jäger zuzuschreiben, sondern auch der Trägheit und Gleichgültigkeit der Hüttenbauer. Der Sieg der anarchistischen Mächte ist nicht unausweichliches Schicksal, sondern Schuld. So ist Goldings Existenzdeutung zugleich ein Aufruf zur Selbstbesinnung."[19]

---

(3) Auch Paulette Michel-Michot erkennt das Böse als einen Teil der den Menschen innewohnenden Mächte:

„In ‚Lord of the Flies' wird eine Gruppe von Schuljungen, zwischen sechs und zwölf Jahren alt, auf eine einsame Insel im Südpazifik verschlagen, als man sie aus England zu evakuieren versucht, weil dort ein Atomkrieg wütet. Ohne die Hilfe Erwachsener, sind sie bei der Aufgabe, ihr Zusammenleben zu organisieren, ganz auf sich selbst angewiesen. Ihr erstes Ziel ist, trotz ihrer Isolation und der primitiven Lebensweise, die sie annehmen müssen, so eng wie möglich an die Lebensformen zu halten, die die zivilisierte Welt der Erwachsenen ihnen anerzogen hat, und auf Rettung zu warten. Das Feuer, das sie auf der Spitze des Berges in Gang zu halten versuchen, ist das Symbol ihrer Bindung an die zivilisierte Welt,

---

19 Arno Esch: *William Golding, Lord of the Flies*, in: Horst Oppel, Der moderne englische Roman, Berlin 1965, S. 332 und 342.

denn es verkörpert ihre Hoffnung auf Rettung. Sie wählen einen Führer, schaffen Regeln und halten Versammlungen ab, um die wichtigsten Fragen, die sie lösen müssen, zu diskutieren. Eine Seemuschel wird zum Symbol ihres demokratischen Systems – wer sie in den Händen hält, darf in der Versammlung sprechen. Sie durchforschen die Insel, um ihre Umgebung kennen zu lernen, und passen ihr Verhalten den Gegebenheiten an. Zuerst macht alles Spaß, ihr Leben ist eine Art Pfadfinder-Spiel. Doch allmählich treten die düsteren Seiten ihrer eigenen Natur in den Vordergrund. Sie bilden sich ein, es gäbe auf der Insel ein Untier, das aus dem Wasser komme und nachts ungesehen umgehe. Einige der Jungen haben es auf dem Berg gesehen. Das Untier wird schnell zum Zeichen ihrer eigenen Unruhe, ihrer abergläubischen Furcht, die sich ins Maßlose steigert und schließlich alles beherrscht. Die Jungen, die die Verantwortung für die Jagd tragen, sind so auf Töten versessen, dass sie den ursprünglichen Zweck der Jagd, die Gemeinschaft mit Nahrung zu versorgen, gar nicht mehr begreifen. Sie verwechseln das Mittel mit dem Zweck. Die Gemeinschaft spaltet sich in zwei Gruppen: die Jäger weichen immer weiter von den Normen zivilisierten Lebens ab, die die andere Gruppe zu bewahren sich bemüht. Sie verwandeln sich in eine Gruppe barbarischer Gesetzloser, die sich primitiven Riten hingibt: sie bemalen ihre Gesichter und veranstalten abscheuliche rituelle Tänze um einen Schweinekopf, den sie zum Götzen gemacht haben, oder um einen der Jungen, der die Rolle des gejagten Schweins übernimmt, und schließlich vollführen sie ihren Tötungstanz mit einem ihrer früheren Kameraden und bringen ihn zum Rhythmus ihres mörderischen Liedes wirklich um: ‚Kill that beast! Cut his throat! Spill his blood!' (vgl. Dieter Smolka, (Hrsg.): William Golding, Lord of the Flies, S. 146; in der deutschen Ausgabe S. 172) Die Vergötzung des Schweinekopfes, der zum ‚Herr der Fliegen' selbst wird, und das Gräuliche ihres Rituals verdeutlichen, dass die Kinder in einen

Zustand der Barbarei verfallen sind, in dem das Böse allmächtig ist. Das Feuer wird nicht länger in Gang gehalten und die Muschel hat keine Macht mehr, die Jungen zusammenzurufen. Die Situation wird immer chaotischer, bis die Jäger, trunken von Raserei, Simon töten, als er ihnen die gute Botschaft bringen will. Simon nämlich hat die Wahrheit über das Untier entdeckt.

[...]

Als er allein den Berg besteigt, findet er ein kauerndes Etwas, das sich langsam im Wind bewegt, und er begreift, dass es der Leichnam eines Piloten ist, der vor sich hin verwest, den Fallschirm noch am Rücken. Ein Windstoß kommt, der Körper richtet sich auf, fällt wieder zusammen und haucht ihn stinkend an. Dies ist das Untier, es ist der Mensch selbst [...] eine gefallene Kreatur, tot, ein Symbol des Krieges und des Zerfalls, eine Erinnerung an den Zustand der Erwachsenenwelt, so wie die Kinder sie verließen, und ein Symbol dessen, was ihre Gemeinschaft bedroht. Simon hat den Schlüssel zu ihrer Situation gefunden: Es gibt kein ‚beastie', das Böse steckt in den Kindern selbst. Simon eilt den Berg hinunter, um den anderen die erlösende Botschaft zu bringen, doch bevor er sie verkünden kann, wird er von den verschreckten Jungen, die ihren Jagdtanz um ihn vollführen, viehisch umgebracht. Nach dieser mehr oder weniger vorsätzlichen Opferung verlieren sie alle Beherrschung. Die ‚Kleinen' (littluns) haben sich schon längst den Jägern angeschlossen, weil sie sich bei ihnen sicher fühlen. Die Jäger erklären den wenigen noch übrigen machtlosen Vertretern des zivilisierten Lebens den Krieg. Sie foltern und ermorden sie. Und als schließlich ein Marinekreuzer landet, um die Überlebenden zu retten, hetzen die Jäger gerade Ralph, der früher der gewählte Führer der Gemeinschaft war, über die Insel und setzen alles in Brand.

Simons Tod: Ablehnung der entlastenden Wahrheit in der Gruppe

[...]

das Böse ist Teil des Menschseins

Die Unschuld des Kindes und des Menschen überhaupt ist eine Täuschung, der Mensch hat von Natur aus entsetzliche Möglichkeiten zum Bösen. Dass Golding Kinder zu seinen Helden wählt, lässt dies nur um so eindrucksvoller und erschreckender hervortreten. Er zerstört ein für allemal die These, der Mensch sei ursprünglich gut oder zumindest ethisch neutral und nur die Gesellschaft sei die Quelle allen Übels. Noch auch lässt er uns den Glauben, das Böse, mit dem ein Kind geboren werde, lasse sich während des Heranwachsens ausmerzen oder durch ein System von Verhaltensnormen beseitigen, das ihm durch die Zivilisation oder durch bestimmte gesellschaftliche oder politische Ordnung wiederherzustellen scheint, man darf nicht vergessen, dass der Krieg, den die Jungen auf der Insel austragen, nicht besser, aber auch nicht schlechter ist als der Atomkrieg, der am Beginn des Buches in der Welt tobt. Zwischen den Kindern mit ihren bemalten Gesichtern und dem Marineoffizier in der Uniform mit Goldknöpfen besteht gewissermaßen kein Unterschied.

[...]

Diese kurze Analyse soll lediglich zeigen, welch breite Skala menschlicher Werte und gesellschaftlicher oder politischer Probleme sowohl von universaler als auch zeitbezogener Relevanz in ‚Lord of the Flies' zur Sprache kommt. Es ist gleichfalls erwähnenswert, dass dies zwar eine allegorische Erzählung ist, dass sie aber dennoch tief in der körperlichen und seelischen Welt des Kindes wurzelt. Die Geschichte kann als Geschichte gelesen werden, aber aus ihr tritt die allegorische Bedeutung ans Licht."[20]

---

20 Paulette Michel-Michot: *Der Mythos der Unschuld in William Golding´s ‚Lord of the Flies'*, in: Willi Erzgräber, Englische Literatur von Wilde bis Beckett, Frankfurt a. M. 1970, S. 316 ff.

(4) Die besonderen Akzente in Goldings Roman liegen für Peter Green in den hohen moralischen Ansprüchen und der mehrschichtig-symbolhaltigen Darstellung des Themas.

„But behind this main narrative structure, as always in Golding's work, we find more universal moral implications. What Ralph weeps for, on the last page, is the end of innocence, the darkness of man' s heart. Piggy is more than a fat, asthmatic, coddled, myopic, stubbornly sensible Cockney: he is the voice of sanity personified, a Promethean symbol. It is his thick-lensed spectacles which are used to light the vital signal-fire, and are later stolen by the hunters. He will have no truck with the group-consciousness, but remains embarrassingly individual; and because of this he is killed. Seen in this sense, the book reveals a terrifying microcosm of political totalitarianism. The experiment acquires unexpected relevance to the whole human condition.
With Simon we are at a deeper level still. Simon – we have Golding's own word for it – is a saint, mystic and clairvoyant. It is Simon, and Simon alone, who sees the other fear and superstition for what they are. This point is made by the use of two very explicit symbols: the Beast, and the Lord of the Flies himself.
The Beast, to begin with, is nothing more than a focal point for the ‚boys' vague, inarticulate, archaic fears. ‚What I mean is, stammers Simon (and is shouted down to his pains), maybe its only us': he is as Golding puts it, inarticulate in his effort to express mankind's essential illness. Later the Beast is given a spurious reality: the corps of an airman, still harnessed to its parachute, drifts down from some aerial battle on to the beacon hill at the top of the island. Two children see it in the dark, and instantly the myth of terror is established. But Simon, again, is incredulous: however

Simon thought of the beast, there rose before his inward sight the picture of a human at once in heroic and sick."[21]

---

(5) Norman Page ist es unwichtig, woher der Autor seine Vorideen genommen hat. Bestechend allein ist für den Leser die ideenreiche Art, wie Golding mit ihnen umgegangen ist.

„*Often he makes no secret of his sources: ‚Coral Island' is explicitly referred to on the last page of ‚Lord of the Flies', and the epigraph of the Inheritors is a quotation from H. G. Wells ‚Outline of History'. He is particularly fond of allusive titles – ‚Lord of the Flies' and ‚Darkness Visible', for instance – that challenge the reader to identify, and then to consider the relevance of their origins. At other times the parallels may be less openly acknowledged, and may even have been unconscious. But the term parallels, in spite of its air of geometrical precision, is a kind of relationship, positive or negative, that permeates an entire book. In the comments on individual novels that follow, examples of all of these levels of influence will be encountered. Whatever terminology we use, however – ‚debts', ‚borrowings', ‚influences' or ‚sources' – it is important to recognise that what Golding is doing is to make a creative use of a great variety of sources. He does not take it for granted that our administration for the original, and our pleasure in being reminded of it, will gain him a bonus, as Matthew Arnolds does when he imitates the classical epic simile in ‚Sohrab and Rustum'; nor is the spotting of the source indispensable to a grasping of the writer' s point, as it is in Jane Austin' s satire on the Gothic novel in*

Ideenreichtum und schöpferische Kraft im Umgang mit unterschiedlichen Quellen und Vorbildern

21 Peter Green: *The World of William Golding*, in: Norman Page (Hrsg.): William Golding: Novels 1954–67. A Selection of Literary Criticism, Baskingstoke – London 1985, S. 82–83.

‚Northanger Abbey', or Byron' s send-up of Southey in ‚The Vision of Judgment'."[22]

---

(6) Kein Zweifel besteht für John Peter daran, dass Golding das Böse als in dem Menschen allgemein verwurzelt sieht, das sich sofort überall dort einstellt, wo die Bedingungen seine Entfaltung zulassen. Das „Böse" ist dann auch das Hauptthema des Romans.

„It is obvious that the conclusion of 'Lord of the Flies' is not a concession to readers who require a happy ending – only an idiot will suppose that the book ends happily – but a deliberate device by which to throw the story into focus. With the appearances of the navel officer the bloodthirsty hunters are instantly to a group of painted urchins, led by a little boy who wore the remains of an extraordinary black cap, yet the reduction cannot expunge the knowledge of what they have done and meant to do. The abrupt return to childhood, to insignificance, underscores the argument of the narrative: the Evil is inherent in the human minds itself, whatever innocence may cloak it, ready to put forth its strength as soon as the occasion is propitious. This is Golding' s theme, and it takes on a frightful force by being presented in juvenile terms, in a setting that is twice deliberately likened to the sunny Coral Island of R. M. Ballantyne. The boys society represents, in embryo, the society of the adult world, their impulses and convictions are those of adults incisively abridged, and the whole narrative is a powerful ironic commentary on the nature of Man, an accusation levelled at us all."[23]

breite Skala menschlicher, gesellschaftlicher und politischer Probleme

---

22 Norman Page: *Novels 1954–67*, ebd., S. 102.
23 John Peter: *The Fables Of William Golding*, in: Norman Page: Novels 1954–67, ebd., S. 36–37.

(7) V. S. Pritchett schätzt an Goldings Roman die Klarheit und Schnörkellosigkeit, mit der die Erwachsenenwelt durch die Kinderwelt bloßgestellt wird. Das hat Stil, das hat Geist, das hat Witz.

klassische Einfachheit

„In ‚Lord of the Flies' we understand that the children are not cut-off; anthropology, the science of how people live together, not separately, reflects the concern of the modern world which has seen its communities destroyed. The children in ‚Lord of the Flies' simply re-enact the adult, communal drama and by their easy access to the primitive, show how adult communities can break up. Of course, Mr. Golding's improbable romances remain improbable; they are narrow and possible. The modern romancer has the uncluttered chance of going straight to the alienation of the individual and to the personal solitude that is once of the forgotten subjects. In our world, which is closely organized, we are hardly aware of what we are privately up to. We use large words like calamity, disaster, racial suicide, devastation; they are meaningless to us until an artist appears who is gifted enough to identify himself with a precise body being washed up against a precise collection of rocks, a precise being sniffing the night air for his enemy or feeling the full force of a particular blow. Until then, we are muffled in our alibi: the imagination cannot grasp. 'Lord of the Flies' is the most accomplished of Mr. Golding' s novels. Its portraits of the shipwrecked boys and its understanding of them are touching and delightful and he is master of a rich range of scene and action. In his book his spirit and his serenity are classical."[24]

---

24 V. S. Prichett: *Secret Parables*, in: Norman Page: Novels 1954–67, ebd., S. 49.

(8) Wie beiläufig weist James Watson auf die (nahe liegende) politische Aussage hin, die Goldings Roman propagiert. Freilich betont er, dass Golding kein politischer Autor in vordergründig-aktuellem Sinne sei.

„The political aspects of the new fiction are hardly easier to generalise. William Golding, the oldest of the new novelists, has told how his first novel emerged from reflecting, as so many in the 1940er reflected, how readily Hitler and his National Socialists had revived barbarism in our times, and in a modern and advanced industrial state. The thought was (and is) unnerving, and it illustrates how close realism sits to radical analysis, how misplaced the critical structure that it is merely cosy. ‚Lord of the Flies' is a novel about English schoolboys marooned on a desert island – a Defoe-like subject, though unlike Crusoe it uses the third person – but reversing Defoe, it tells of their rapid descent into savagery, totem-worship and the childish joys of torture and terror. There is a Nazi in everyone, so schoolmaster Golding suggests, and there since childhood; and civilisation is no more than the thinnest of thin veneers, as Hitler showed, masking a base, innate craving to rule and be ruled. The point is unrelenting and sharp. And yet Golding is nothing like a political novelist in terms of British domestic politics, and his views about political parties, whatever they are, are not publicly a part of his fiction."[25]

Lord of the Flies – ein politisch aktueller Roman; William Golding – kein politischer Autor

---

25 Gerald Watson: *British Literature Since 1945*. London 1991, S. 81.

(9) Die starke Erzählkraft und die von Golding verwendeten Mittel der dramatischen Akzentuierung werden von Dan Wickenden in den Mittelpunkt der kritischen Wertschätzung gerückt.

„For ‚Lord of the Flies' is of course an oblique commentary on mankind's recurrently frustrated attempts to build a rational society. Unlike many novels of symbolic import, however, it is above all else an exiting and ultimately powerful narrative. The boys themselves are altogether convincing; the style is vivid and crystalline; the sense of mounting terror is brilliantly conveyed."[26]

---

(10) Für Wayland Young schließlich ist der Roman ein Stück zeitlosester und schönster westlicher Literatur überhaupt, namentlich in den Momenten der Schilderung von Angst und blutigen Opfern. – Deprimierend bleibt allerdings die Darstellung einer im Kriege ausgelöschten Menschheit.

„The timeless story of fear, the tidings, and the blood sacrifice, is handled with a success as resounding, as complete, and as profoundly beautiful as anything in Western literature. This is a subjective judgement, of course, but I am measuring my words. The rest of the story is pessimistic, and deals with the extinction of civilization in war. The final chase in which the average bright citizen, the enfant moyen sensuel who was the leader of the ordinary people, is abandoned by his last adherents and pursued through burning undergrowth by the painted hunters going on all fours, is a ghastly tour de force."[27]

---

26 Dan Wickenden: *First Idyll, then Nightmare*, in: Frederick Jackson: Lord of the Flies, ebd., S. 59.
27 Wayland Young: *Letter from London*, in: Frederick Jackson: Lord of the Flies, ebd., S. 68.

3. Themen und Aufgaben

Es wird kaum gelingen, diesen Roman im Unterricht ‚erschöpfend' zu behandeln. Mit den Anregungen dieses Kapitels möchten wir den Lernenden dazu anregen, sich eine ‚Lerntrasse' zu bauen, d. h. Schwerpunkte für die Wiederholung und Vertiefung der Lesearbeit systematisch zu setzen. Dies soll in einer Doppelspur geschehen: auf der einen Seite mit analytisch-interpretatorischen, auf der anderen Seite mit kreativen Aufgabenstellungen. Es wäre schön, wenn der Unterrichtende ihnen ebenfalls etwas abgewinnen könnte.[28]

Die Lösungstipps beziehen sich auf die Kapitel der vorliegenden Erläuterung.

28 Die Diskussion um eine mehr kreative Verarbeitung von Leseeindrücken wird seit über dreißig Jahren in Deutschland geführt. Nur zögerlich haben sich solche Ansätze im Literaturunterricht durchgesetzt. – Vgl. dazu neben der angeführten Literatur die entsprechenden Beiträge in einzelnen Bänden der Reihen *Königs Erläuterungen und Materialien* (z. B. KEM 39, 109, 142, 304 oder 3011) und *Blickpunkt Text im Unterricht* (z. B. BL 505, 512, 520 oder 524).

Welchen Einfluss hatten Goldings **Kriegserfahrungen** auf diesen Roman? – Zeigen Sie entsprechende Textstellen auf und erläutern Sie eine davon.	Lösungstipps: Kap. 1.1; 1.2; 1.3; 2.1
Inwieweit geben die **Kapitelüberschriften** Hinweise auf die Themen und tragenden Motive? – Wählen Sie ein Kapitel aus und erläutern Sie die Zusammenhänge.	Kap. 2.2
Erhellen Sie in einigen Thesen, den **Unterschied** von Goldings ‚Inselparadies' gegenüber den Vorstellungen in der Literatur von dem Inseldasein als einer Rückkehr des Menschen in den Urzustand.[29]	Kap. 2.7; 5.
Zeigen Sie auf, wie die Jungen schrittweise den Zustand der **‚Unschuld' verlieren** und gleichzeitig zunehmend verwildern.	Kap. 2.2; 2.3
Zeichnen Sie exakt Ralphs Bemühungen nach, die **zivilisatorischen Prinzipien** aufrechtzuerhalten. An welchen Stellen sind sie gefährdet, noch ehe es zur endgültigen Spaltung der Gruppe kommt?	Kap. 2.2; 2.4

29 Dazu ist es unumgänglich (über die zitierten Textpassagen im **Kap. 4** hinaus), sich mit der angegebenen kritischen Robinson-Literatur zu befassen und einen der erwähnten Romane zu lesen, *Robinsoe Crusoe, Die Insel Felsenburg* oder *Die Koralleninsel*.

Wie wird die **Natur** im Verlaufe dieser Veränderungen von Golding dargestellt? – Geben Sie markante Textstellen an und erläutern Sie eine von ihnen.	Kap. 2.6
Vergleichen Sie die ‚Philosophie' der **vier Hauptfiguren** des Romans (Ralphs, Jacks, Piggys und Simons). – Welche entsprechen einander, welche stehen gegeneinander, welche vermitteln? – Belegen Sie die Sichtweisen aus dem Text.	Kap. 2.4; 2.7; 5.
Die Jungen haben getötet, sind sie in Ihren Augen **Mörder**? – Begründen Sie!	Kap. 2.7; 5.
Notieren Sie die Rettung der Kinder als **Logbuch-Eintrag** des Offziers.	Bezug: Ende des Romans (S. 226–229)
Zurück in England, werden die Kinder befragt: Die Zwillinge **erzählen** von ihren **Todesängsten;** **Jack** berichtet aus seiner Sicht; betonen Sie den Führungsanspruch und erklären Sie **sein Führungsverständnis;** Ralph schildert sein **Bemühen und Versagen**	Es bietet sich an, die (fiktiven) Wiedergaben entweder als Dialogtexte oder als Protokolle zu verfassen.

Die Kinder werden aufgefordert, einen **Lageplan der Insel** mit den Hauptgeschehensorten zu skizzieren. Zeichnen Sie den Inselplan.

Gut geeignet für Partnerarbeit oder für Gruppenarbeit. Denkbar ist eine modellhafte Nachbildung der Insel.

Ralph trauert um Simon und Piggy. – Schreiben Sie einen **Brief**, wie ihn Ralph an die Eltern der beiden Opfer abfassen könnte.

Es ist erforderlich, dass Sie sich die Vorgänge noch einmal vergegenwärtigen und dann entscheiden, wie Sie die Briefe abfassen. Bezug: Roman, S. 164–174; S. 203 f.

Ralph schreibt aus der Erinnerung die auf der Insel verbrachten Wochen nach. Legen Sie **ein fiktives Tagebuch** an.

Schaffen Sie sich Zeitabschnitte, die Sie mit fiktiven Daten abgrenzen, und fassen Sie die Hauptereignisse zusammen (auch Empfindungen und Gedanken Ralphs).

Schreiben Sie **ein entlastendes Plädoyer**, das die Umstände, die zum Chaos auf der Insel geführt haben, berücksichtigt.

Gehen Sie von Goldings universaler Entlastung der Menschen aus (alle tragen den Keim des

Bösen in sich). Berücksichtigen Sie in besonderer Weise die Ausnahmesituation, in der sich die Kinder befanden.

Schreiben Sie einen **Zeitungsbericht** (Sensationsbericht) über die Rückkehr der Jungen und das Geschehen auf der Insel.

Setzen Sie die Wirkungselemente der Boulevardpresse ein und wecken Sie das Leserinteresse durch eine entsprechende Aufmachung Ihres Textes (PC).

Schreiben Sie einen **Leserbrief**, in dem Sie den Verfall der Ordnung und der Sitten generell beklagen.

Sie haben es ja „schon immer gesagt" und sehen sich durch die Inselereignisse, über die in der Presse berichtet wurde, zu einem entsprechenden Appell aufgefordert.

Schreiben Sie eine **Leseempfehlung** (durchaus mit Einschränkungen, wenn Sie welche machen wollen).

Orientieren Sie sich dabei an relevanten Kriterien, die Sie in diesem Erläuterungsband finden.

4. Rezeptionsgeschichte

Goldings Roman, daran sei noch einmal erinnert, zählt heute zu den meistverkauften Büchern der jüngeren englischen Literatur. Das Interesse an *Herr der Fliegen* weltweit ist konstant geblieben, seit das Buch den schwierigen Start hinter sich hatte. In den USA wurde es kurz nach dem Erscheinen einer ersten amerikanischen Ausgabe und nach den erschütternd niedrigen Verkaufszahlen (nur knapp 3.000 Stück bis Ende 1955) zunächst nicht wieder aufgelegt. Eine amerikanische Taschenbuchausgabe machte alles wieder wett und brachte den Roman bis 1959 weit nach vorn. Dabei überholte er sogar das auf der Beliebtheitsskala vor allem bei jugendlichen Lesern vor ihm liegende Kultbuch von Jerome D. Salinger, *The Catcher in the Rye* (1951).[30] William Golding wurde zu einem populären Autor, um den sich bald Legenden rankten. Zur Verbreitung seiner Popularität unter amerikanischen Studenten trug Golding selbst bei, der in zahlreichen Universitäten aus seinen Büchern las und gerade über *Herr der Fliegen* häufig in lebhafteste Diskussionen verwickelt wurde. Der Name William Golding wird und wurde seitdem stets mit diesem Roman verknüpft. Ein Blick zurück auf die zwischen 1945 und 1965 veröffentlichten Romane der englischen und der amerikanischen Literatur offenbart dann auch, dass Goldings Inselroman mit Recht unter den zwanzig bekanntesten steht. Einzelne sind schon als Schullektüren (*) geradezu unsterblich geworden und haben darum viele junge Leser erreicht. Andere sind erst durch berühmt gewordene

Herr der Fliegen – alles andere als ein ‚Senkrechtstarter'

zeitlose Erzählkunst mit pessimistischer Aussage

30 Vgl. dazu den Band 338 unserer Reihe *Königs Erläuterungen und Materialien.*

Verfilmungen (F) einem breiteren Publikum bekannt geworden.[31]

(F) *Tender Is the Night* (F. Scott Fitzgerald, 1948)
(F) *The Naked and the Dead* (Norman Mailer, 1948)
(F) *Nineteen Eighty-Four* (George Orwell, 1949)
(F) *The Man with the Golden Arm* (Nelson Algren, 1949)
(*) *The Catcher in the Rye* (Jerome D. Salinger, 1951)
(*) *The Old Man and the Sea* (Ernest Hemingway, 1952)
The Adventures of Augie March (Saul Bellow, 1953)
Under the Net (Iris Murdoch, 1954)
(*) ***Lord of the Flies*** (William Golding, 1954)
(F) *The Lord of the Rings* (J. R. R. Tolkien, 1955)
(F) *Lolita* (Vladimir Nabokov, 1955)
On the Road (Jack Kerouac, 1957)
(F) *From Russia with Love* (Ian Fleming, 1957)
(F) *Room at the Top* (John Braine, 1957)
The Bell (Iris Murdoch, 1958)
(*) *The Naked Lunch* (William S. Burroughs, 1959)
Franny and Zooey (Jerome D. Salinger, 1961)
(F) *One Flew Over the Cuckoo's Nest* (Ken Kesey, 1962)
Herzog (Saul Bellow, 1964)
(F) *In Cold Blood* (Truman Capote, 1965)

William Goldings Werke haben sich als nicht sehr medienwirksam erwiesen. Außer *Herr der Fliegen* wurde lediglich *Pincher Martin* für ein anderes Medium eingerichtet. Eine Funkfassung dieses Romans wurde 1958 bei der BBC gesendet. – *Herr der Fliegen* wurde zweimal verfilmt. Es existiert eine Schwarz-Weiß-Fassung aus dem Jahr 1963 („Home Vision

31 Diese Auflistung stellt keine Wertung dar. Sie möchte lediglich auf einige geläufige Titel hinweisen. Tatsächlich hat keiner der aufgeführten Titel außer Orwells *1984* so viel Aufsehen erregt wie Goldings *Herr der Fliegen* und keiner ist mit so viel Aufmerksamkeit bedacht worden. – Vgl. Patrick Reilly: *Lord of the Flies. Father and Sons*, New York 1992, S. 4.

Cinema") und ein Farbfilm, der 1990 von den „Columbia Pictures" eingerichtet wurde. Beide Filme wurden keine großen Erfolge. In beiden wurde die Begegnungsszene Simons mit dem „Herrn der Fliegen" ausgespart (siehe Romankapitel 8, S. 162–163).

Sir William Golding ist zeitlebens ein zurückhaltender Schriftsteller gewesen. Den Literaturbetrieb mit seinen vielen Äußerlichkeiten hat er stets abgelehnt. Von anderen Schriftstellern sehr geschätzt[32], ist er einer der Autoren nach 1945, dessen Werk Kritiker und Literaturwissenschaftler umfangreich beschäftigt. Die Zahl der Veröffentlichungen zu seinem Werk, bis in die Gegenwart anhaltend, verdeutlicht diesen Tatbestand eindrucksvoll. Allerdings ist das Odium, ein schreibender Lehrer zu sein, zeitlebens an Golding hängen geblieben.

---

32 In England ist Goldings Werk so populär wie das Graham Greenes, und sein Schriftsteller-Kollege Malcolm Bradbury bezeichnete ihn als einen Erzähler "of primal stories, about the birth of speech, the dawn of evil, the strange sources of art." – Vgl. *Contemporary Authors on CD*, The Gale Group 2000, S. 8 (Auszug über William Golding).

5. Materialien

William Goldings Roman *Herr der Fliegen* gehört nur ganz entfernt zu den sog. „Robinsonaden", in denen vom Schicksal solcher Menschen erzählt wird, die auf einsame Inseln verschlagen werden und sich behaupten müssen. Inseln als Orte des Fremdartigen und Geheimnisvollen haben schon immer in der Vorstellung der Menschen und in der Literatur eine besondere Rolle gespielt und auch die Wissenschaft zu erläuternden Gesamtdarstellungen angeregt. Verwiesen sei auf das Buch von Horst Brunner, *Die poetische Insel, Insel und Inselvorstellungen in der deutschen Literatur*, ferner auf Hans Freyer, *Die politische Insel, eine Geschichte der Utopien von Platon bis zur Gegenwart* sowie auf Elisabeth Frenzels *Stoffe der Weltliteratur*, dem wir folgenden Abschnitt zur Robinson-Literatur entnehmen:

Inselleben als Sonderexistenz

„Die Geschichte Robinsons (...) ist die berühmteste Formung eines alten Themas, das allerdings erst in ausgesprochenen Zivilisationsepochen bewegend werden konnte: die freiwillige oder erzwungene Rückversetzung des zivilisierten Menschen in einen Naturzustand durch Weltflucht, Einsiedelei, Schiffbruch, Aussetzung. Die zu Beginn des aufgeklärten Jahrhunderts erschienene Geschichte eines Menschen, der nüchtern und überlegen Schritt für Schritt über die Wildnis siegt und sich ein geregeltes, sinnvolles Leben schafft, auch die Freundschaft eines Wilden, Freitag, und diesen der europäischen Kultur und Humanität gewinnt, kam den rationalistischen wie den sentimental rousseauischen Strömungen der Zeit entgegen, wurde von Rousseau selbst als ‚Grundbuch der Erziehung' angesehen und

Robinson Crusoe: keine Gemütsunruhe aus sentimentalen Regungen

fand durch Umarbeitung des Pädagogen J. H. Campe in ein Gespräch zwischen Erziehern und Kindern (‚Robinson der Jüngere', 1779) Eingang in die Jugendliteratur, zu deren Grundbestand es, von der dozierenden Form Campes allerdings wieder befreit, noch heute gehört. Verbreitung und Wirkung des Robinson-Stoffes geschah jedoch nicht in Form einer Stoffentwicklung, sondern [...] in Form der Nachahmung durch die so genannten Robinsonaden. Die Robinsonade ist nicht eine Neuinterpretation des Robinson-Stoffes, entzündet sich nicht an der spezifischen Robinson-Fabel, am Plot, sondern ist Wiederholung einer gleichen Grundsituation."[33]

Übersicht

➢ Antike Inselvorstellungen:

Homer, *Ilias*: Insel Lemnos (Philoktet)
Homer, *Odyssee*: Insel Ogygia (Kalypse)
Homer, *Odyssee*: Insel Scheria (Nausikaa, Phäakeninsel Kerkyra)
Homer, *Odyssee*: Insel Aiaia (Kirkes Schweineinsel)
Homer, *Odyssee*: Insel Ithaka (Heimatinsel des Odysseus)
Hesiod, *Theogonie*: Insel Naxos (Ariadne)
Hesiod, *Theogonie*: Insel der Seligen, Elysium
Pytheas, *Peri Okeanu*: Insel Thule
Platon, *Timaios, Kritias*: Insel Atlantis

➢ Mittelalterliche Inselvorstellungen:

Thomas Morus: *Nova Insula Utopia* (1516)
Francis Bacon: *Nova Atlantis* (1626)
William Shakespeare: Mittelmeerinsel im Märchenspiel *Der Sturm* (1610)

33 Elisabeth Frenzel: *Stoffe der Weltliteratur*, Stuttgart ^{9}1998, S. 681 f.

➢ Inselvorstellungen des 18. und 19. Jahrhunderts:

Jonathan Swift: *Gullivers Reisen* (1726):
Zwergeninsel Lilliput
Fliegende Insel Lapute
Zauber- und Toteninsel Glubdutrib

Daniel Defoe: *Robinson Crusoe*

Robinson Crusoe (1719), die weltberühmte Erzählung über einen auf eine einsame Insel verschlagenen schiffsbrüchigen Matrosen, der sich im Urzustand behauptet, der Wildnis Ordnung abgewinnt und sich mit Hilfe seiner Erfahrungen und seiner Verstandeskräfte eine neue, eigene Welt erbaut, hat unmittelbar auf Goldings Roman *Herr der Fliegen* eingewirkt neben Robert M. Ballantynes mehrfach erwähntem Südsee-Abenteuerbuch *Die Koralleninsel.*

Literarische Vorbilder:
Robinson Crusoe
Insel Felsenburg
Nova atlantis
Oceana
The Coral Island

Johann Gottfried Schnabel: *Insel Felsenburg*

Die literarisch wichtigste der nachfolgenden Flucht-Robinsonaden war innerhalb der deutschen Literatur Schnabels *Insel Felsenburg* (1731). Daneben gab es eine ganze Anzahl solcher Robinsonaden, die sich nur zum Teil auf Robinson berufen können, handelt es sich bei ihnen doch um nichts weiter als um Varianten des Abenteuer-Romans. In der Zeit vom Erscheinen des *Robinson Crusoe* 1719 bis zum Erscheinen der *Insel Felsenburg* 1731 sind fünfzehn echte Robinsonaden aufzählbar als solche Romane, die nicht bloß einen abenteuerlichen Reisebericht enthalten, sondern die zeitweilig insulare Abgeschlossenheit des Helden.

„Als ‚Utopie und Robinsonade' (Brüggemann) unterscheidet es sich von den Abenteuern des Defoe'schen Helden insofern, als nicht ein Einzelner den obligaten Schiffbruch überlebt, sondern eine Gruppe von vier Menschen, die naturgemäß viel stärker darauf angelegt sein müsste, ein der Definition der Utopie nahe kommendes Gemeinwesen zu errichten. Die in den Rahmen der fiktiven Herausgeberschaft gefasste Handlung berichtet jedoch von Auseinandersetzungen in dieser Gruppe, denen ein Unschuldiger zum Opfer fällt, in denen ein Wüstling seiner gerechten Strafe nicht entgeht. Im Gegensatz zu Robinson […] versteht sich die felsenburgische Gemeinschaft als Hort wahren Christentums und bürgerlicher Tugenden, den zu verlassen es keinen einsehbaren Grund gibt."[34]

Ballantynes Jungen:
Sie kennen und haben keine sozialen oder psychologischen Probleme

---

➢ **Bekannte Utopien – Titelübersicht[35]:**

Morus, Thomas: *De optimo reip. stavt, deqve noua insula Vtopia*, libellus uere aureus, nec minus salutaris quam festiuus, clarissimi disertissimque uiri Thomae Mori inclytae cuiitatis Londinensis ciuis & Vicecomitis. Löwen 1516.

Campanella, Tommaso: *Appendix Politicae Civitatis Solis.* Idea Reipublicea Philosophicea. (1602) In: Realis Philosophiea Epilogisticea partes quatuor. Frankfurt 1620, S. 415–464.

Bacon, Francis: *Nova Atlantis Fragmentorum laterum.* (1624) In: Ders.: Operum moralium et civilum Tomus. London 1638, S. 351–386.

34 Wolfgang Biesterfeld: *Die literarische Utopie*, Stuttgart 1974, S. 36 f.
35 Auflistung nach Wolfgang Biesterfeld: *Die literarische Utopie*, ebd., S. 20 ff.

Grimmelshausen von, Hans Jacob Christoffel: *Der Abenteuerliche Simplizissimus Teutsch* (Buch V, 19). 1669.

Defoe, Daniel: *The Life and Strange Surprizing Adventures of Robinson Crusoe*. London 1719.

Montesquieu de, Charles: *Lettres Persanes*. 1721.

Swift, Jonathan: *Travels into Several Remote Nations of the World, by Lemuel Gulliver*. 1726.

Klopstock, Friedrich Gottlieb: *Die deutsche Gelehrtenrepublik*. 1774.

Hodgson, William: *The Commonwealth of Reason*. London 1795.

Edmonds, Thomas Rowe: *Practical, Moral and Political Economy*. London 1828.

Pemberton, Robert: *The Happy Colony*. London 1854.

Ballantyne, R. M.: *The Coral Island.* 1858.

O'Neil, H.: *Two Thousand Years Hence*. 1868.

Bulwer-Lytton, Edward: *The Coming Race: or The New Utopia*. London 1871.

Butler, Samuel: *Erewhon: Or, Over the Range*. London 1872.

Twain, Mark: *The Curious Republic of Gondor*. 1875.

Bellamy, Edward: *Looking Backward. 2000–1887*. Boston 1888.

Cooper, J. F.: *Crater, a Vulcan Peak*. 1888.

Wells, H. G.: *The War of the Worlds.* In: *Pearson' s Magazine, 1879*. London 1898.

Cole, R. W.: *The Struggle for Empire, a Story of the Year 2236.* 1900.

Butler, Samuel: *Erewhon Revisited Twenty Years Later, Both by the Original Discoverer of the Country, and by his Son.* London 1901.

Wells, H. G.: *A Modern Utopia.* 1905.

London, Jack: *The Iron Heel.* London 1907.

Wells, H. G.: *The War in the Air*. 1908.

Chesterton, G. K.: *The New Jerusalem*. 1920.

Aldington, R.: *Voyages to the Moon and the Sun*. 1923.

Huxley, Aldous: *Brave New World*. London 1932.

Orwell, George: *Nineteen Eighty-Four*. London 1949.

Bradbury, Ray: *Fahrenheit 451*. New York 1955.

➢ Grafische Zuordnung – wichtigste Richtungen der literarischen Utopien[36]:

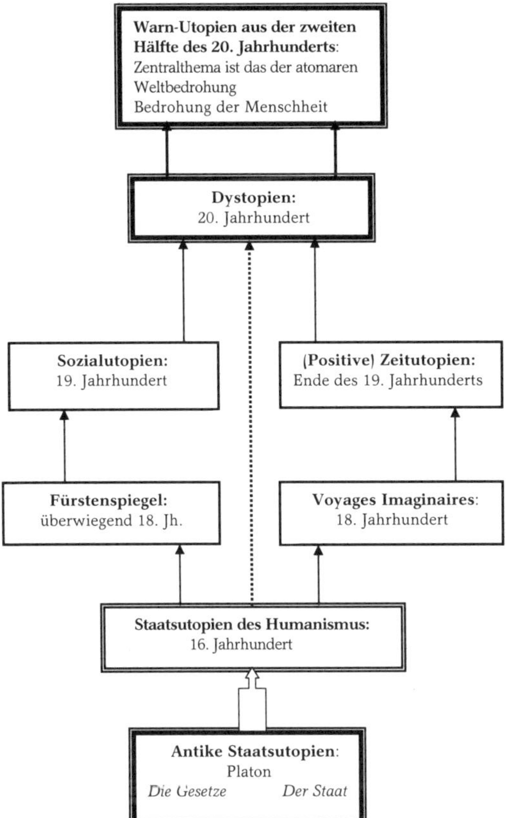

36 Vgl. dazu Reiner Poppe: *Vision und Wirklichkeit in der literarischen Utopie*, Hollfeld 1980.

➢ Zur literarischen Utopie:

„Die bürgerliche Philosophie seit Kant suchte die Antinomie, den Widerspruch zwischen Freiheits- und Gleichheitsprinzip, die sich beide auf das Naturrecht berufen, dadurch zu lösen, dass sie ein Subjekt annimmt, das seine Natur frei dem Vernunftsgesetz unterwirft, das es sich selbst gab. Wenn sich alle Subjekte dem Vernunftsgesetz anpassen, dann sind alle zugleich frei und gleich, so die Konzeption des idealistischen Versöhnungsschemas. In dieser Synthese wird das Glück des Individuums mit dem Gemeinwohl aller zusammengedacht, eine faszinierende Idee, die ihre Widerhaken wohl erst in ihren ausgestalteten Entwürfen vom besten Staatswesen zeigt. Das Problem von Freiheit und Gleichheit, Individualität und Ordnung, das sich in allen Gesellschaftsentwürfen zeigt, wird ein Aspekt sein, unter dem die utopischen Staatsromane vorgestellt, analysiert werden.

Weitere Aspekte, die gerade vom heutigen Problembewusstsein her an Bedeutung gewinnen, werden Auswahl und Analyse bestimmen: Von einem heutigen Wissensstand her, von dem aus vieles technisch machbar, aber weder im Sinne des Gemeinwohls noch im Sinne des individuellen Glücksstrebens wünschbar ist, erscheint ein technologisch ausgerichtetes Utopiedenken sehr ambivalent. Insofern ist es reizvoll, vergangene Entwürfe einer idealen Gesellschaftsordnung gerade auf ihren technologischen Zukunftsoptimismus bzw. auf ihre Vorbehalte anzuschauen. Wie bei den wohlgemeinten Entwürfen einer besten Staatsordnung manche Strukturen sich von späterer Erfahrung her als rigide, glücksfeindlich herausstellen, so zeigen auch einige technologische Zukunftsphantasien gerade heute ihre problematische Kehrseite. Im Zusammenhang technologischer Zukunftsentwürfe, die den Menschen mehr Reichtum und weniger

Lord of the Flies:
brutale Zerstörung des Mythos der Unschuld

Plackerei bescheren wollen, ist für den heutigen Betrachter auch von Bedeutung, inwiefern auch ökologische Überlegungen mitspielen.

Neben wichtigen Aspekten wie Bildung, Wohnkultur, das jeweilige Verhältnis von Freizeit und Arbeit, Sexualität, Rechtswesen usw. interessiert den heutigen Leser früherer Entwürfe vom besten Staat auch, welche Rolle die Frau im jeweiligen Utopia spielt. Wenn man bedenkt, dass die Französische Revolution, die die Freiheit und Gleichheit aller Bürger verkündete, doch wieder die Frau vom aktiven und passiven Wahlrecht ausschloss, ist man neugierig, welche Möglichkeiten nun die meist von Männern entworfenen Utopien für sie vorsehen.

Literarische Utopien – das Problem „ästhetischer Langeweile"

Es liegt im Genre des utopischen Staatsromans, dass inhaltliche Fragen von besonderem Interesse sind. Andererseits jedoch stellt es die Autoren auch vor schwierige ästhetische Probleme. Ihr Hauptproblem bleibt das der ästhetischen Langeweile. Bekanntlich ist das Inferno bei weitem farbiger, reizvoller darzustellen als das Paradiso. Und im Gegensatz zum Teufel bleibt der Engel eine langweilige Figur. Wenn nur im jeweils besten Staat alles zur Zufriedenheit seiner Bürger geordnet ist und der Hauptgrund allen Erzählens ist, eben das zu demonstrieren, geraten die Bürger, von denen der Roman berichtet, zu abstrakten Strichmännchen ohne das Fleisch einer Geschichte mit ihren Widersprüchen und Konflikten. Der Exempelcharakter bildet die Fluchtlinie, auf deren Zielpunkt alle Handlung zugeschnitten ist. Das gilt vor allem für die utopische Staatsprosa im strengen Sinn, die ihre Imagination auf den Entwurf eines besten Staates konzentriert und ihrer fabulierenden Phantasie die Flügel stutzt. Es wird sich zeigen, dass die Autoren utopischer Romane bestimmte Muster ästhetischer Erzählstrategien entwickeln, um ihr abstraktes Modell in die anschauliche Form der epischen Fiktion, der Geschichte zu überführen.

Die Utopien des 20. Jahrhunderts, die zum größten Teil das Gegenteil von dem sind, was Utopia zunächst zu sein beanspruchte, deren Welt einer Schreckensvision entspringt, werden ihre Erzählstrategien ändern. Da Kritik an diesem Negativ-Staat nur möglich wird, wenn sich der Einzelne nicht im Übereinstimmung mit dem Staatssystem empfindet, gewinnt hier die Geschichte des Individuums, seine Erfahrungen, seine Ängste, seine Wünsche, seine Widersprüche, an Bedeutung. Der Einzelne wird zum Störfaktor im funktionierenden negativen Gesellschaftsmodell, die Erzählstruktur wandelt sich, Formen des Bewusstseinsromans prägen die Erzählperspektive."[37]

37 Hiltrud Gnüg: *Utopie und utopischer Roman*, Stuttgart 1999, S. 17–19.

Literatur

Golding, William: *Lord of the Flies*. London: Faber and Faber, 1954.

Golding, William: *Herr der Fliegen*. Aus dem Englischen von Hermann Stiehl. Frankfurt a. M.: Fischer (Tb 1462), [46]2001. *(Nach dieser Ausgabe wird zitiert.)*

Babb, Howard S.: *The Novels of William Golding*. Columbus: Ohio State University Press, 1971.

Baker, James R.: *William Golding. A Critical Study*. New York: St. Martin's Press, 1965.

Dick, Bernard F.: *William Golding*. Twayne's English Author Series, no. 57. New York: Twayne, rev.ed. 1987.

Gindin, James: *William Golding*. Basingstoke and London: Macmillan, 1988.

Green, Peter: *The World of William Golding*. Review of English Literature 1 no. 2 (April 1960), S. 62–72.

Hodson, Leighton: *William Golding. Writers and Critics*, no. 61. New York: Capricorn, 1971.

Johnston, Arnold: *Of Earth and Darkness: The Novels of William Golding*. Columbia, Mo. and London: University of Missouri Press 1980.

Kinkhead-Weekes, Mark/Gregor, Ian: *William Golding: A Critical Study*. London: Faber, 1967.

Medcalf, Stephen: *William Golding. Writers and Their Work*, no. 243. London: Longman, 1975.

Oldsey, Bernard S./Weintraub, St.: *The Art of William Golding*. Bloomington: Indiana University Press, 1968.

Page, Norman (Hrsg.): *William Golding: Novels, 1954–67. A Selection of Literary Criticism*. Basingstoke and London: Macmillan, 1985.

Bloom, Harold: *William Golding's 'Lord of the Flies'*. New York: Chelsea House, 1996.

Esch, Arno: *Golding's 'Lord of the Flies'*. In: Horst Oppel, Der moderne englische Roman, Berlin: E. Schmidt, ^{2}1971.

Jackson, Frederick: Golding: *'Lord of the Flies'*. Toronto: Coles, 1989.

Kelly, Maureen: *Golding's 'Lord of the Flies'*. Cliffs Notes. IDG Books Worldwide, Inc. 2000.

Meitken, W.: *William Golding, 'Lord of the Flies'*. Stuttgart: Klett, 1987.

Michel-Michot, Paulette: *Der Mythos der Unschuld in Golding's ‚Lord of the Flies'.* In: Willi Erzgräber (Hrsg.): Englische Literatur von Wilde bis Beckett. Frankfurt a. M.: Fischer, 1970, S. 316–328.

Neis, Edgar: *William Golding, Herr der Fliegen (Lord of the Flies).* Hollfeld: Bange, 1980.

Nelson, William (Hrsg.): *William Golding's 'Lord of the Flies'. A Source Book.* New York: Odyssey, 1963.

Niven, Alastair: *William Golding, 'Lord of the Flies'.* Harlow and Beirut: Longman, 1980.

Poppe, Reiner: *William Golding – Herr der Fliegen (Lord of the Flies).* Kommentare, Diskussionsaspekte und Anregungen für produktionsorientiertes Lesen. Hollfeld: Beyer, 1996.

Reilly, Patrick: *Lord of the Flies. Fathers and Sons.* New York: Twayne, 1993.

Smolka, Dieter (Hrsg.): *William Golding: 'Lord of the Flies'.* With additional materials. Frankfurt a. M.: Diesterweg, ²1994.

Swisher, Clarice (Hrsg.): *Readings on 'Lord of the Flies'.* Greenhaven Press 1997.

Weiand, Hermann J.: *Lord of the Flies.* In: Insight V. Analyses of Twentieth Century British and American Fiction, edited by H. J. Weiand. Frankfurt a. M.: Cornelson, 1983.

Wilson, Raymond: *'Lord of the Flies' by William Golding.* London: Macmillan, 1986.

Frenzel, Elisabeth: *Stoffe der Weltliteratur. Ein Lexikon dichtungsgeschichtlicher Längsschnitte*. Stuttgart: Kröner, [9]1998.

Fricker, Robert: *Der moderne englische Roman*. Göttingen: Vandenhoek, 1966.

Karrer, Wolfgang/Kreutzer, Eberhard: *Daten der englischen und amerikanischen Literatur von 1890 bis zur Gegenwart*. München: dtv, 1973.

Oppel, Horst: *Der moderne englische Roman*. Berlin: E. Schmidt, [2]1971.

Otten, Kurt: *Der englische Roman. Ideenroman und Utopie*. Berlin: E. Schmidt, 1990.

Sühnel, Rolf/Riesner, Dieter: *Englische Dichter der Moderne*. Berlin: E. Schmidt, 1972.

Watson, Gerald: *British Literature Since 1945*. London: Macmillan, 1991.

Biesterfeld, Wolfgang: *Literarische Utopie*. Stuttgart: Metzler, 1974.

Bohrer, Karl-Heinz: *Der Lauf des Freitag*. München: Hanser, 1972.

Brunner, Horst: *Die poetische Insel. Insel und Inselvorstellungen in der deutschen Literatur*. Stuttgart: Metzler, 1967.

Canetti, Elias: *Masse und Macht.* München: Claassen, 1992.

Freyer, Hans: *Die politische Insel. Eine Geschichte der Utopien von Platon bis zur Gegenwart.* Wien: Karolinger, 1936.

Gnüg, Hiltrud: *Literaturstudium: Utopie und utopischer Roman.* Stuttgart: Reclam, 1999.

Heinisch, Klaus J.: *Der utopische Staat.* Hamburg: Rowohlt, [12]1978.

Poppe, Reiner: *Vision und Wirklichkeit in der literarischen Utopie.* Hollfeld: Beyer, 1980.

Widmer, Urs: *Das Normale und die Sehnsucht.* Zürich: Diogenes, 1992.

Zondergeld, Rein A.: *Lexikon der phantastischen Literatur.* Frankfurt a. M.: Suhrkamp, 1983.

Freese, Peter/Hermes, Liesel: *Der Roman im Englischunterricht der Sekundarstufe II. Theorie und Praxis.* Paderborn: Schöningh, 1972.

Haas, Gerhard: *Handlungs- und produktionsorientierter Literaturunterricht in der Sekundarstufe I.* Hannover: Schroedel, [4]1989.

Hussong, Martin: *Textanalyse optisch.* Düsseldorf: Schwann, 1971.

Kopfermann, Thomas: *Produktives Verstehen von Literatur. Ein Kurs auf der Oberstufe*. Klett: Stuttgart, 1994.

Stocker, Karl: *Praxis des Literaturunterrichts im Gymnasium. Voraussetzungen – Motivationen – Möglichkeiten – Transfer*. Freiburg: Herder, 1979.

Waldmann, Günter: *Produktiver Umgang mit Literatur im Unterricht*. Schneider: Baltmannsweiler, ²1999.

Willenberg, Heiner: *Zur Psychologie des Literaturunterrichts*. Frankfurt a. M.: Diesterweg, 1987.

Verfilmungen:

Lord of the Flies – Herr der Fliegen. USA 1963.
Regie: Peter Brook.
Home Vision Cinema.

Lord of the Flies – Herr der Fliegen. USA 1990.
Regie: Harry Hook.
Columbia Pictures.